JN430850

경기대학교
서비스경영전문대학원AMP과정

한국지식문화원
인문학연구소

인문학 강의

세상과 사람을 잇는 19가지 사유의 길

한국지식문화원 인문학연구소

인문학 강의

세상과 사람을 잇는 19가지 사유의 길

발 행 일	2026년 1월 1일
지 은 이	한국지식문화원 인문학연구소
편 집	권 혁
디 자 인	김현순
발 행 인	권경민
발 행 처	한국지식문화원
출판등록	제 2021-000105호 (2021년 05월 25일)
주 소	서울시 서초구 서운로13 중앙로얄빌딩 B126
대표전화	0507-1467-7884
홈페이지	www.kcbooks.org
이 메 일	admin@kcbooks.org
ISBN	979-11-7190-168-5

© 한국지식문화원 2026

본 책 내용의 전부 또는 일부를 재사용하려면

반드시 저작권자의 동의를 받으셔야 합니다.

경기대학교
서비스경영전문대학원AMP과정

한국지식문화원
인문학연구소

인문학 강의

세상과 사람을 잇는 19가지 사유의 길

한국지식문화원 인문학연구소

엄길청 · 황 헌 · 김원재 · 권경민 · 강경아
구경자 · 김모정 · 김밀요 · 김영윤 · 김오순 · 박미숙 · 양승현
윤지원 · 이민정 · 이은미 · 전병식 · 전혜주 · 한수민 · 황경하

| 발간사 |

인문학 강의, 세상과 사람을 잇는 19가지 사유의 길

지금 우리는 인공지능과 빅데이터가 일상을 지배하는 시대, 기술과 효율이 삶의 중심이 된 사회를 살아가고 있습니다. 그러나 모든 것이 빠르게 변하고 있는 지금이야말로, 다시금 '인간다움'과 '삶의 본질'을 묻는 인문학의 시간이 필요합니다.

이 책은 경기대학교 서비스경영전문대학원, 한국지식문화원 인문학연구소 소속으로 인문학을 강의하며 사람과 세상을 연결해 온 19인의 인문학 강사들이 모여 완성한 공동 프로젝트입니다. 우리는 수많은 현장에서 수강자들과 눈을 맞추며, 삶을 관통하는 질문과 마주해 왔습니다. 이 책은 그 질문들의 기록이며, 시대와 사람, 관계와 존재를 향한 사유의 궤적입니다.

경제와 투자, 철학과 예술, 맥주와 향기, 미디어와 영화, 도시와 정원, 리더십과 일, 교육 그리고 삶의 감정과 회복에 이르기까지, 각 저자는 자신의 전문성과 경험을 바탕으로 인문학적 시선을 담아내었습니다. 책장을 넘기다 보면 누군가는 맥주 한 잔에서 도시의 문명을 읽고, 누군가는 그림책 속에서 상처를 치유하며, 또 누군가는 정원에서 삶의 질서를 발견할 것입니다.

우리는 이 책을 통해 말하고자 합니다. 인문학은 어려운 담론이 아니라, 인간과 세상을 이해하기 위한 '살아 있는 기술'이며, 누구나 삶 속에서 실천할 수 있는 성찰의 언어라는 것을.

이 책은 인문학 강사로 살아온 우리들의 강의이자, 동시에 또 하나의 강의실입니다. 그 안에서 우리는 청중과 독자라는 이름으로 다시 만나, 함께 묻고 답하며 나아갈 것입니다.

『인문학 강의, 세상과 사람을 잇는 19가지 사유의 길』은 한 사람의 저작이 아닌, 열아홉 명 인문학 강사들의 열정과 철학이 모여 빚어낸 공동의 목소리입니다. 각자의 전문 분야는 달라도, 공통의 믿음이 있었습니다.

바로, "인문학은 시대를 치유하는 공공재이자, 삶을 다시 움직이게 하는 힘"이라는 신념입니다.

이 책을 통해, 독자 여러분이 다시 자신의 삶을 성찰하고, 세상을 더 깊이 이해하며, 나아가 스스로의 '브랜드'가 되어 살아가는 용기를 얻으시길 바랍니다.

작지만 울림 있는 이 책이, 오늘 이 시대를 살아가는 이들에게 인문학적 위로와 실천적 통찰을 전하는 작은 이정표가 되기를 바랍니다.

한국지식문화원 인문학연구소

편집실

TABLE OF
CONTENTS

엄길청

경영학 박사

방송인

칼럼니스트

국제투자전략가

미래산업평론가

전 경기대학교 서비스경영전문대학원장

세상의 변화와 투자의 지혜

엄길청
gce9968@gmail.com

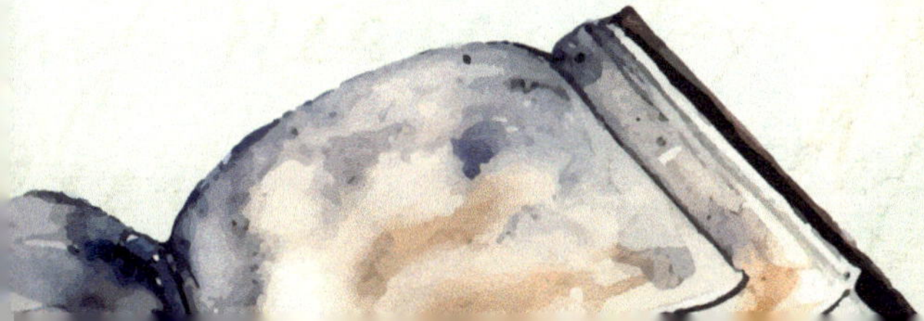

「세상의 변화와 투자의 지혜」
- 엄길청

저물어 가는 산업사회

사람과 기술과 기계와 조직이 결합하여 만들어낸 산업사회는 이제 역시 사람이 만든 인공지능의 출현을 계기로 서서히 역사의 뒤안길로 사라질 운명이다. 생산 현장에서도 전통적인 기능인이나 기술자의 역할들도 점점 자율지능을 기반으로 하는 운영시스템 속으로 빨려 들어가는 중이다.

물론 사람들의 역량이 더 진화하여 누군가는 새롭고 강력한 인간의 역할을 찾아내기도 하겠지만, 그조차도 상당한 시간이 흘러야 할 것으로 보인다. 한국 사회를 한동안 온통 뒤흔든 의사와 정부의 갈등 문제도 의사 진료가 점점 원격 진료나 데이터 정밀의학들의 발달로 무인 진료 등의 대체 수단이 등장하여 직접적인 의사의 인적서비스 역할이 상당히 변화할 거란 미래 전망과 궤를 같이한 점도 없지 않았다고 본다.

당장 젊은 사람들은 예전처럼 예측과 기대가 가능한 잘 정형화된 인생을 준비하거나, 어느 정도 예견된 사회 진출과 인생의 성장과정에 거의 진입하지도 못하고 우왕좌왕하고 있다. 대학에서 공부한 내용과 본인이 부딪치고 개척하게 될 미래가 제대로 잘 연결되지 않는 당혹스러운 시간이 흐르고 있다.

그러는 사이에 남녀노소가 주식투자, 부동산투자, 가상자산 시장 등으로 남부여대하여 모여드는 것을 본다. 특히 2020년 코로나 직후에 유튜브나 SNS로 너도나도 주식투자정보를 공급한다고 부산을 떨고 특히 리딩방인가 하는 유사정보업체들이 선량한 시민들을 미혹하는 일들도 무시로 일어났다. 개중에는 서로 사기도 치고 피해가 빈발한다.

직접 투자해본 본인들이 잘 알겠지만, 예컨대 주식투자의 경우만 해도 투자로 돈을 벌기가 그렇게 만만하거나 호락호락하지가 않다. 사실 대개는 손해를 많이 본다.

돈만 있으면 쉬울 것 같지만 부동산투자도 제대로 성과를 거두기가 여건 어렵지 않다. 안전하게 채권이나 덜 변동적인 ETF에 투자했다 해도, 일정한 불확실성이 존재하는 것은 주식이나 부동산이나 채권이 어느 정도의 차이가 있지만 본질은 크게 다르지 않다. 도대체 투자는 모든 게 다 돈 벌기가 어렵다.

학계의 오랜 정설에는 누구나 당시 기준금리의 6% 이상의 수익을 더 올리려고 겨냥한다면 전적으로 위험한 행동의 대가를 바라는 시도라고 말하고 있다. 사실, 금리가 높던 2023년 미국의 기준금리가 5%일 때 미국의 저명한 운용사들의 연간 투자수익률은 많아야 10%~15% 사이에 있었다. 그중에 가장 큰 회사는 자산이 우리 돈으로 1경 원 정도의 거대한 규모였지만 그 역시도 투자성과는 이 범주를 벗어나지 못했다.

필자는 1979년 상장사의 IR 담당자로 시작하여 애널리스트, 트레이더, 브로커, 펀드 매니저, 금융업계 CEO, 대학의 투자론 교수에 이르기까지 45년을 투자금융업에 외길로 종사하고 있다. 그런 이력의 시니어 종사자 입장에서 바라보는 국민의 투자정보 소통과 사회적 투자 행동들은 보통 걱정이 아니다.

왜냐하면 투자는 모든 시장 참가자들이 전적으로 누구와도 연관되지 않은 배타적이고 개별적이며 독립적인 행동이어야 하기 때문이다. 그래야만 효율적 시장의 기대가 가능하고 가격과 거래의 정당성을 신뢰할 수 있고, 나아가 독립투자가의 개별적인 초과이익 발생의 근거가 가능하기 때문이다. 한마디로 공개시장은 모든 참가자의 익명성과 자율성과 개별성을 전제로 운영되어야 하기 때문이다. 그래서 거래 규모가 큰 기관투자가나 대주주들은 그들의 투자 행동을 반드시 모두에게 공개하게 되어 있다.

그런데 이런 시장에서 특정한 주식을 리딩방에서 아는 사람들과 같이 매수하고 같이 매집하면 과연 성과를 거두기 쉽겠는가. 또 그런 사람들이 얼마에서 팔자고 결의하면 그게 무슨 의미가 있겠는가. 한마디로 공개시장에서는 누구도 자의적이고 사전에 기획된 부당한 성과를 지속적으로 거둘 수는 없다. 그래서 크게 의도된 수익을 얻고자 하는 사람들이 오래전부터 몇몇이 획책하여 작전투자를 하려고 했었다. 하지만, 누구도 지속적이며 계획적이며 차별적인 투자 성적을 올릴 수는 없었다.

40년을 넘게 국내외 산업현장과 금융투자시장에서 기업의 수익과 주주의 이익을 관찰해온 사람으로서 역사적이며, 안정적인 성장과 배당을 이룩한 기업은 단 하나도 없었다. 다만 어느 시기에 예외적인 성장을 하고 이채로운 수익을 낸 경우는 상당히 존재한다고 믿는다. 그동안 겪은 셀 수도 없이 많았던 국내외 투자시장의 변동성 위험에서, 이렇게 '불확실성 하에서의 투자의사 결정'을 천직으로 선택하고 사는 투자전문가로서 이 정도의 가능성과 기대감이 가장 합당한 직무의 이유이기도 하다.

그래도 산업사회는 조직과 체제를 기반으로 발달해온 까닭에 장기, 중기, 단기적으로는 확연히 달랐지만, 예측 가능성을 높이는 투자방식이 발전한 시기였다. 가장 대표적인 방식이 업종별로 투자하고, 산업별로 전망하는 일을 할 수 있던 시기였다.

그러면서 집합투자가 등장하고 이젠 ETF 등의 투자상품들이 투자경영 사업을 하는 자산운용사, 투자은행, 증권사 등에서 사업 수단으로 등장을 할 수 있었다. 소위 테마주식이라고 하는 것도 그 배후는 이렇게 연결해 놓은 시장과 생산과 유통의 구조화 덕분이라고 볼 수 있다.

예를 들어 우크라이나에 전쟁이 발발하면, 당장은 유럽 금융주들을 매도하려는 시도가 나올 수 있으며, 독일의 방산주를 매수하려는 계획을 세울 수 있다. 실제로 독일의 은행주인 코메르츠뱅크는 전쟁이 발발한 2022년 2월에 7,530유로 하던 주가는 2개월 뒤인 2022년 4월에는 6,280유로로 급락을 했고, 전쟁 무기를 만드는 라인메탈은 2022년 2월에 130유로 하던 주가가 2024년 3월에는 무려 520유로가 되도록 장기간을 상승했다. 이런 현상은 러시아가 일으킨 전쟁이 두 회사에 직접적이고 실제적인 영향을 준 것을 아무도 정확히 알지는 못하지만, 금융산업과 방산산업의 구조와 관련성을 이해하는 투자자들이 집단지성으로 만들어낸 투자 결과이다.

그런데 2008년에 익명의 한 블록체인 연구개발자가 동료들에게 실험적으로 사용을 권유해본 비트코인이 2024년 3월에 1억 원을 기록한 것은 그 어떤 선행적 단서나 동행하는 평가 기준 없이 그냥 달성된 가격이다. 그런데 그 가치가 현실의 돈으로 교환되어 다른 실물을 사게 되면 그대로 경제재의 효력을 발생하게 된다. 이런 행동을 투자로 본다면, 사실 투자는 더 이상 사회과학이 아니다. 그렇다면 경영학과에서 가르치지 못하는 영역으로 진화하는 것인지도 모른다.

적어도 100년 이상을 대학에서 체계화하여 가르치던 시절에 증권투자의 전문가로 진출한 투자시장 사람들은 이제는 어디서 양성되고 훈련되어야 하는지 아무도 모른다. 아니 앞으로는 더 이상 투자시장에 사람 역할들이 필요할지는 누구도 아직은 잘 모르는 일이다.

투자 명인과 인공지능

2023년 11월 28일, 세계적인 투자의 명인이자 현존하는 전설적 투자가 워렌 버핏의 평생의 동료였던 찰리 멍거가 세상을 떠났다. 그는 1924년 1월 1일에 태어났으니 만 100세를 한 달여 남겨 두고, 변호사이자 버크셔 해서웨이의 부회장으로 평생을 투자사업 현장에서 뛰다가 운명한 것이다. 본인의 로펌도 같이 운영한 그는 별세하기 불과 반년 전에만 해도 네브래스카주의 오마하에서 열린 주주총회에서 주주들의 질의응답을 6시간이나 소화하던 불굴의 노익장이었다.

워런 버핏을 평생 가치투자에 투신하게 한 스승이자 증권이론가인 벤저민 그레이엄도 80대까지 왕성한 현역으로 활동했고, 그의 제자인 워런 버핏은 2025년 현재, 95세의 나이에 약 천조 원의 투자기업 버크셔 해서웨이를 경영하고 있다. 이제 2025년 연말에 회장직은 은퇴하고 이사회 의장으로 남는다. 70년의 투자 여정이다. 그는 20대의 나이에 그의 고향에서 투자회사를 차렸었다.

워런 버핏의 친구인 존 보글은 오늘날의 대표적인 간접 투자상품인 인덱스 펀드를 만든 장본인으로 그가 차린 템플턴 자산운용사는 세계적인 투자회사이다. 아직도 자기 이름을 단 존 보글 금융시장 리서치회사를 운영하는 그는 1929년에 출생했으니 2025년 기준으로 96세이다.

워런 버핏에게 투자 현장에서 투자 판단에 영향을 가장 많이 미친 필립 피셔는 2004년 95세의 나이로 세상을 떠났는데, 그는 별세하는 그해 초에도 자기 회사의 투자설명회를 직접 개최했었다. 그의 아들 켄 피셔가 아버지 때보다 더 큰 투자회사 피셔인베스트먼트를 운영 중이다.

모두가 다 아는 그랜빌 법칙의 기술적 투자의 대가인 J.E.그랜빌도 장수한 투자가이고, 동양에서 가장 저명한 투자가로 꼽히는 구영한(대만계 일본인), 고레가와 겐조도 모두 90세를 넘긴 장수투자가들이다.

나이와 주식투자 수익률의 상관성을 밝힌 연구는 딱히 없지만, 투자업무 일을 하고 있으면서 느끼게 되는 것은 오랜 투자 경험이 분명 투자성과에 영향을 주고 있다는 점은 크게 공감한다. 오늘날 인공지능이나 빅 데이터, 로봇 어드바이저 등이 과학적인 자료를 분석하여 전략 수립에 유효성을 높인다고 하지만, 그들이 사용하는 데이터 역시 과거의 경험에서 수치로 찾아내는 규칙성이거나 알고리즘이다.

투자의 대가의 반열에 오르려면 복잡성을 넘어서 영감의 차원으로 올라가지 않으면 도달하기 어렵다. 그런데 영감이란 그 자체가 인간에게 내재해 있듯이, 인간에게만 직접 주어진 지혜의 축복이다. 장기투자는 많은 시간을 자기 자신과 싸우면서 견디어야 하는 인내의 대장정이다.

투자수익의 성과평가에서 보면 장기투자의 수익을 이긴 단기투자의 지속 가능한 사례는 어디에도 없다. 70년간 연평균 20%가 넘는 버크셔 해서웨이의 놀라운 투자수익도 어마어마하게 긴 장기 보유의 수익률에 그 힘이 있었다.

한국에서 주식투자의 역사는 너무 짧다. 그런데다 우리나라는 투자자들이 투자 보유기간도 아주 짧다. 우리 증시는 1956년에서야 문을 열었고, 그 후 한전, 대한중석 등 공기업 몇 개 중심의 쭉 단조로운 상장사 구조로 유지해 오다가, 1973년부터 유가증권 시장을 발달시키려는 법안들이 만들어지고 상장을 촉진하는 여건이 마련되기 시작했다. 당시 한국 전쟁 전후의 상처가 큰 가난한 나라이고, 대다수가 농민과 노동자로 일하는 나라에서 저축도 어려운데 증권투자를 하기란 언감생심의 현실이었다.

그래서 처음에는 우리 증시는 기질적으로 이런 일을 좋아하는 투기적인 사람들의 전유물이었다. 누구나 투자를 해보았으면 이미 겪고 있을 일인데, 주식 책을 많이 읽고, 정보를 파고든다고 해서, 컴퓨터 프로그램에 능하다고 해서, 고등수학을 잘한다고 해서 우월한 것이 절대 아니다. 블랙-숄즈 모형이란 유명한 투자이론으로 노벨경제학상을 받은 마이런 숄즈는 자기 이론대로 투자회사를 차려 투자를 하다가 노벨상 상금을 다 날린 사람이다. 이게 사실 투자의 세계이다.

워런 버핏도 한 때 자신의 전 재산의 절반을 투자 실패로 날린 적도 있다. 그래서 투자의 대가들이 공통적으로 후대에 남기는 말에는 "절대 손해 보지 말라"는 말이다. 그래서 존 메이너스 케인즈는 주식투자는 '미인 뽑기'와 같다는 말을 남겼다.

하지만 역사로 보면 무엇이 투자성과에 유효한지는 아무도 모르지만, 특별한 성공자는 분명히 역사에 존재하고 있다. 그런데 그들이 대개 나이가 들어서 성공자의 반열에 오른 결과적 공통점을 보여 개인적인 투자성과는 개인의 생애에 걸쳐 다르게 나타난다는 점이다. 과연 AI지능이 이런 투자성과의 역사적 장기성과 엄청난 개별성을 어떻게 해결할지는 두고 볼 일이다.

황헌 교수는 현재 인문학 작가 및 인문학 강좌로 인생 2막을 열심히 살아가는 전직 언론인이다. 현 경기대학교 서비스경영전문대학원 특임교수로 재직 중이며, 2024년부터 4학기째 점심시간을 이용해 경기대생들에게 인문학을 강의하는 <인문학 런치> 운영 교수이기도 하다. 그는 2020년 <<와인잔에 담긴 인문학>>을 펴냈는데 현재까지 스테디 셀러로 인기를 끌고 있다. 한국생산성본부 조찬 강연을 비롯해, 서울대 EMBA 과정, 동국대 인문문화예술 AMP 과정, 연세대 와인&아트 최고위 과정, 동국대 재학생 전체를 위한 인문학 강좌 등을 진행하고 있다.

그가 진행하는 인문학 강의 주제는 50개가 넘는다. 대표적으로 <단숨에 이해하는 중동 역사>, <중국 역사와 사마천의 사기>, <쉽게 이해하는 그리스 신화>, <노인과 바다가 던져주는 인생>, <니체가 요구하는 삶>, <50분에 완파하는 로마 역사>, <그리스인 조르바가 요구하는 자유>, <쉽게 익히는 서양미술사>, <신비한 모차르트의 음악 세계>, <단숨에 익히는 우크라이나 전쟁과 러시아 역사>, <기독교의 역사>, <당쟁으로 보는 조선사>, <정관의 치에 담긴 정치의 지혜> 등 역사, 철학, 문학, 음악, 미술을 넘나드는 다양한 주제들을 강의하고 있다.

35년 동안 MBC에서 기자, 파리특파원, 앵커, 100분토론 진행, 보도국장과 논설실장 등을 맡은 인생의 1막을 지나 요즘 그는 인문학 강의와 글쓰기로 2막을 살고 있다. 그는 대학 시절부터 읽은 많은 인문학 지식을 두 차례 유럽 장기 체류(1996~1997 영국 연수, 2003~2006 프랑스 파리 특파원)의 기회를 통해 입체적으로 심화시켰다. 그가 직접 써서 곧 출간되는 <<역사가 숨 쉬는 철학(가제)>> 책이 어떤 반향을 일으킬지 주목된다.

빨랫줄 철학
한 줄에 이어진 위대한 사상

황 헌
vinocello@naver.com

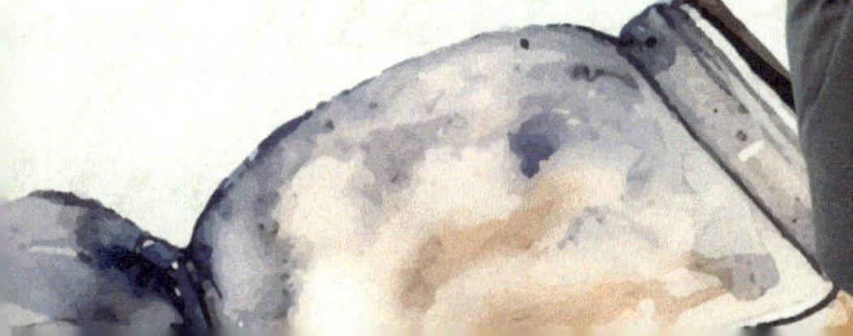

「빨랫줄 철학 – 한 줄에 이어진 위대한 사상」
– 황 헌

프롤로그

연결된 메시지

철학에 심취하던 어느 순간 불현듯 어릴 적 고향 집 마당에 걸린 빨랫줄이 떠오른다. 줄에 매달린 빨래는 할아버지의 두루마기부터 아버지의 와이셔츠, 어머니의 저고리, 누나들의 바지와 나의 점퍼까지 주인이 제각각이다. 빨랫줄에 걸린 옷은 주인도 다르고 모양도 다르다. 다르지만 한 가지는 같다. 모두 한 빨랫줄에 걸려있다는 점이다. 동서양을 막론하고 성인, 현자, 철인은 저마다 다른 시대에 다른 표현을 썼지만 모두 인류에게 선한 영향, 삶의 지혜가 되는 가르침을 남겼다. 줄에 걸린 빨래의 주인은 달라도 그 한 줄에 걸린 모습만으로 모두 한 식구임을 말해주듯, 위대한 성인과 현자들의 사상과 가르침도 한 줄로 이어져 있다.

빨랫줄 하나로 이어진 사상의 산맥을 찾아 떠나는 이 여행은 산 하나를 오를 때마다 깊은 감동으로 다가온다. 석가와 소크라테스, 공자는 비슷한 시기에 지혜를 얻었다. 예수는 그로부터 500여 년 뒤에 세상에 와서 사랑의 가치를 전파했다. 이후 숱한 현자와 철인들이 인간이 갖춰야 할 덕목과 깨닫고 실천할 가치를 동시대인에게 설파했다. 그들은 떠나고 없지만 그들이 남긴 가르침은 현재는 물론 미래의 인류에게도 유효하게 살아 숨 쉴 것이다. 이 여정은 위대한 가르침이나 사상의 근본은 어떻게 한 빨랫줄에 걸린 듯 같은 울림으로 다가오는지를 실감할 수 있는 시간이 될 것이다.

성자들이 강조한 사랑

예수는 생애 내내 사랑을 강조했다. 이웃은 물론 원수도 사랑하라는 가르침을 힘줘 일러줬다. 후세 인류의 역사가 증오와 갈등으로 치달을 것임을 예단하고 인간에게 가장 소중한 건 사랑임을 가르친 셈이다. "무엇이든 남에게 대접받고자 하는 대로 너희도 남을 대접하라"(마태복음 7:12)는 말씀은 역지사지(易地思之)를 사랑의 수단으로 앞세웠음을 말해준다. 평범하면서도 깊은 의미를 가지는 표현이다. 남에게 대접받기만을 원하는 사람은 대접받을 자격조차 없다. 예수는 먼저 남의 허물을 탓하기 전에 자신을 보라고도 했다. "어찌하여 형제의 눈 속에 있는 티는 보고 네 눈 속에 있는 들보는 깨닫지 못하느냐? 네 눈 속에서 들보를 빼어라. 그 후에야 밝히 보고 형제의 눈 속에서 티를 빼리라."(마태복음 7:3~5) 자기성찰이 타인을 비판하기에 앞서 먼저 하여야 한다는 뜻이다.

석가모니는 윤회설을 통해 인간에게 집착에서 벗어나라고 가르쳤다. 집착하지 않으면 탐욕과 분노, 어리석음의 3가지 독(毒)에 취하지 않을 거라고 했다. 윤회는 세상의 모든 생명체는 시작과 끝이 없음을 말해주는 핵심 사상이다. 결코 한 번만 살고 영구히 사라지는 존재는 없다는 말과도 연결된다. 지금 살고 있는 이 삶도 반복되는 윤회의 한 부분이라 여긴다면 사람은 어떻게 살아야 옳은지가 자명해진다.

옛 꼬살라국의 빠세나디 왕이 왕비와 단둘이 대화를 나누고 있었다. 왕이 왕비에게 물었다.

"말라카여, 그대에게는 그대 자신보다 더 사랑스러운 사람이 있는가?"

왕비는 솔직하게 답했다.

"대왕이시여, 저에겐 저 자신보다 더 사랑스러운 사람은 그 누구도 없습니다. 대왕께서는 자신보다 더 사랑스러운 사람이 있습니까?"

왕도 왕비의 말에 동의했다.

"말라카여, 나에게도 나 자신보다 더 사랑스러운 사람은 없소."

빠세나디 왕은 이 대화가 끝난 뒤 석가모니를 찾아갔다. 왕비와 나눴던 대화 내용을 그대로 전한 다음 자신들이 너무나 이기적이거나 잘못된 생각은 아닌지 확인받고 싶어 했다. 그러자 석가모니는 두 사람의 생각은 진실이라고 인정하면서 또 하나의 중요한 의미를 덧붙였다.

"마음으로 모든 방향을 두루 다녀보아도 자기 자신보다 더 사랑스러운 존재는 어디에도 찾을 수 없었다. 이처럼 다른 모든 이에게도 자기 자신이 가장 사랑스럽다. 그러므로 자기 자신을 사랑하는 사람은 다른 이를 해치지 않아야 한다."

공자, 소크라테스, 노자가 한목소리로 강조한 가치

공자와 소크라테스는 대략 지금부터 2500년 전쯤 비슷한 시대를 살았다. 묘하게 두 사람의 가르침 역시 한 빨랫줄에 걸린 느낌이다.

공자는 인(仁)을 힘줘 가르쳤다. '仁'은 단순히 어진 것으로 국한할 수 없다. 진정한 '仁'은 먼저 곧고 정직하게 살아가는 자세인 '忠'에서 시작한다. 이어 성실하게 사노라면 반드시 나 아닌 타인의 가치를 존중하고 인정하는 단계가 필연적으로 연결된다고 공자는 보았다. 그래서 '忠'을 실천하는 이는 '서(恕)'가 자연스레 뒤따르게 된다고 했다. 여기서 공자가 말한 '恕'는 상대를 용서하는 뜻으로만 국한할 수 없는 매우 포괄적 의미를 지닌다. 내게 허물이 있는 만큼, 타인의 허물을 이해하고 그걸 받아들이는 마음의 경지를 공자는 강조했다.

제자 자공(子貢)이 스승에게 평생 실천할 한마디 말씀만 해달라 청하였다. 공자는 그건 바로 '恕'라고 답하면서 이런 말로 그 온전한 의미를 설명했다.

"기소불욕이면 물시어인하여야 한다.(己所不欲 勿施於人)"

"자신이 하기 싫은 일이라면 다른 사람에게도 그걸 시켜서는 아니 된다"는 뜻이다. 논어 위령공편에 나오는 이 구절은 2500년 넘게 지난 현대에도 무릇 모든 인간관계에서 한 치의 오차도 없이 그대로 적용된다. 타인에 대한 배려와 인정은 인간관계의 출발이자, 동시에 충과 서를 통한 '仁'으로 가는 첫 단추라는 사실을 공자는 가르쳐주고 있는 셈이다.

소크라테스는 '자신보다 현명한 사람은 없다'는 델포이 신전의 신탁이 틀렸음을 증명하기 위해 많은 직업의 다양한 사람을 만나보았다. 목수, 교사, 사제, 상인 등 여러 직업의 사람을 만나본 끝에 소크라테스는 그들이 자기 일에는 전문적 지식을 가졌을지 몰라도 세상에 대해 아는 게 없다는 건 모르고 있음을 확인했다. 이른바 '무지(無知)의 지(知)' 이야기다. 적어도 자신은 무지하다는 건 알고 있음을 확인하고는 신탁이 틀렸음을 증명할 수 없다고 판단했다. 그 길로 소크라테스는 지혜를 얻는 일의 소중함을 산파술로 젊은이들에게 가르쳤다.

'성찰하는 삶'을 소크라테스는 강조하였다. 인간은 단순한 본능에 따라 사는 존재가 아니라, 삶의 의미와 목적, 옳고 그름에 대해 끊임없이 질문하고 반성하며 사는 삶을 살라고 했다. 그러면서 타인을 해치는 행위는 피해자뿐 아니라, 가해자 자신의 영혼을 타락시키는 최악의 행위라고 규정했다. 타인의 존엄성을 생각하는 삶은 예수와 부처가 강조한 가치와 맥이 닿아있다.

공자와 소크라테스가 타인에 대한 존중과 배려가 인과 지혜의 출발점이라 강조했는데 노자는 비슷한 목적을 위해 먼저 자신을 낮추는 마음의 가치를 가르쳤다.

세상엔 겸손하지 않아서 재물과 인심을 잃거나 일을 그르치는 경우가 참으로 많이 발생한다. 상대, 타인을 배려하는 마음이 자연스럽게 체화하려면 먼저 자신의 마음에 겸손, 비움이 들어있어야 한다. 비움으로 채우는 가슴이 필요하단 얘기다. 집착과 욕심, 경쟁심과 허영으로 채워진 가슴 속으로는 결코 겸허함이 들어갈 공간이 없는 법이다.

노자는 "으뜸의 선(善)은 물과 같다. (上善若水) 물은 만물을 이롭게 하면서도 다투지 않고, 모든 사람이 가기 싫어하는 낮은 데로 가서 머문다. 그러므로 물은 곧 도(道)와 같다."라고 설명했다. 강과 바다가 모든 골짜기 시냇물의 궁극적인 왕이 될 수 있는 이유는 골짜기 물보다 자신을 잘 낮추기 때문이다. 백성 위에 서고자 하는 성인은 반드시 백성보다 자신을 낮춰야 하고, 백성보다 앞서고자 하면 자신을 백성 뒤에 두어야 한다는 가르침도 노자는 같은 맥락에서 남겼다.

물처럼 낮추고 비움, 겸손함으로 가득 찬 가슴을 유지하라고 노자가 가르친 가치는 곧 타인, 남을 존귀하게 여길 줄 아는 마음과 닿아있다.

근대철학자들이 던져준 공존의 무게

근대철학의 아버지로 불리는 르네 데카르트는 방법적 회의론을 펼쳤다. 썩은 사과가 가득 담긴 상자에서 확실하게 좋은 사과만 골라내기 위해서는 일단 조금이라도 썩었을 가능성이 있는 모든 사과를 모두 버리는 과정을 떠올리면 회의론이 와닿는다. 여기서 말하는 좋은 사과는 진리를 뜻한다. 진리를 찾기 위해서는 의심할 수 있는 모든 걸 의심해야 한다는 철학을 데카르트는 《방법서설》이란 책을 통해 펴나갔다.

데카르트의 회의론에는 근본적 전제가 있다. 바로 인간 존엄성의 근원은 '자유의지(Free Will)'에 있다는 논지다. 회의하는 주체가 확실한 진리를 찾아가기 위해서는 회의하는 자유가 있어야 한다. 그래서 인간은 누구나 자신의 자유의지를 올바로게 사용할 힘을 갖고 있음을 알아야 한다고 그는 말했다. 이 자유의지를 선하게 사용하려는 굳은 결심만으로도 인간은 자신을 존중할 가치가 있다고 보았다. 그 경지에 이르는 사람, 즉 인간의 존엄성은 선하게 살려는 자유의지에서 나오고 그 존엄성을 깨달은 사람은 그래서 타인도 똑같이 존중하고 배려하게 된다고 데카르트는 보았다. 자신의 존엄성을 깨달은 경지에서 비로소 타인도 똑같은 존엄성을 가졌음을 알 수 있다는 이야기이다.

'이성 비판'으로 유명한 임마누엘 칸트는 '정언명령(定言命令)'이라는 도덕의 최고 원리를 제시했다. 정언명령은 글자 그대로 범위가 정해진 명령(Categorical Imperative)을 뜻한다. 범위가 정해졌다는 건 상황에 따라 지켜도 되고 안 지켜도 되는 들쭉날쭉 명령이 아닌, 인간이라면 언제나 조건 없이 지켜야 하는 덕목임을 뜻한다. 칸트는 '타인에 대한 배려는 감정이 아닌 이성적 의무이며 그래서 이는 바로 정언명령이라는 도덕의 최고 원리이다'라고 설명했다.

칸트는 계속해서 진정한 자유는 자율에서 온다고 했다. 모든 욕망, 감정, 본능 혹은 법이나 관습 같은 외부의 명령에 굴복하여 행동하는 것은 타율이다. 반면 자율은 인간이 자신의 이성을 통해 보편적인 도덕법칙인 정언명령을 세우고 그 법칙을 스스로 지키는 것이다. 칸트가 정언명령의 으뜸으로 앞세운 '타인에 대한 배려'는 성자부터 소크라테스, 공자, 노자에 이르기까지 일관되게 강조되어 온 가치와 정확하게 한 빨랫줄에 걸려있음을 느낀다.

내 삶의 주인공은 바로 나

지금까지 성자부터 고대와 근대철학에 이르기까지 일관되게 관류한 가치는 타인을, 이웃을, 상대를 사랑하고 인정하고 배려하는 마음에 중심을 두었다. 그 방법으로 지혜를 깨달으려는 노력, 마음 비움, 겸손 실천, 자유의지를 통한 자기성찰이 제시되었다. 현대로 넘어오면서 철학자들은 배려의 마음, 공존의 가치를 차원이 다른 접근법으로 동시대인에게 던져주었다.

먼저 니체는 신을 죽었다고 하면서 신이 죽은 그 자리에 사회를 위해, 혹은 자신을 위해 보통 사람과는 다른 창조적, 진취적, 생산적 가치가 있는 행동에 힘쓰는 인간을 배치했다. 니체가 「차라투스트라는 이렇게 말했다」란 책에서 '신은 죽었다'고 말한 이유는 2,000여 년 이어져 온 유럽의 기독교 문화가 현재보다는 사후에 천국 가는 것에 너무 많은 가치를 부여하다 보니 현재 살고 있는 삶의 의미와 가치가 축소되고 훼손된다고 보았기 때문이다. 그래서 니체는 지금 살고 있는 이 인생이 무엇보다 소중한 만큼 인간은 현재의 삶을 보다 의미 있게 살아야 한다고 하였고 그런 삶의 모델로, 즉 신을 대신하는 인격체로 '위버멘쉬(Übermensch)'를 제시하였다.

니체는 위버멘쉬가 되기 위해서는 '아모르 파티(Amor Fati)', 운명을 사랑하는 존재가 되길 주문했다. 모든 인간은 제각각 자기 삶의 주인공이다. 따라서 무엇보다 주어진 여건을 극복하여 작게는 개인과 가정, 사회, 나아가 국가를 위해 뭔가 창의적이고 차별화되는 행동으로 삶을 이어가야 한다고 했다. 그렇게 하기 위해서는 사회가 주입하는 편견, 종교가 강요하는 틀에 안주하여서는 안 되며, 스스로 삶의 고통까지도 긍정하며 극복하는 위버멘쉬, 강인한 주체로 살아가라고 했다.

니체의 정신은 하이데거와 사르트르라는 실존주의자들의 사상으로 이어졌다. 실존주의를 쉽게 이해하기 위해서는 '던져진 존재'와 '계획하는 존재'의 차이를 알아야 한다. 하이데거는 인간은 자신이 원해서 태어난 사람은 아무도 없고 그냥 세상이라는 강에 던져진 존재라고 규정했다. '던져진'의 의미를 철학 용어로는 '피투(被投)'로 표현한다. 유리컵은 물을 담는 용도로 만들어진 역시 피투 존재다. 칼은 종이나 과일을 자르기 위해 만들어진 피투 존재다. 사람도 본인이 원해서 태어난 게 아닌 만큼 세상에 던져진, 즉 피투 존재다. 그런데 인간은 여느 던져진 존재와는 다른 게 있다. 바로 인간은 자신의 삶을 계획하고 목적하고 의도하여 행동하는 힘, 이성을 갖고 있다는 점이다. 그런 까닭에 인간은 '피투 존재'가 아닌 '기투(企投)'하는 존재라고 규정하였다.

'기투'는 의도하고 꾀한다는 한자 '企'와 던져진 존재란 뜻의 '投'자가 합해서 이뤄진다. 말하자면 하이데거는 인간은 자신의 삶을 기획하고 의도하고 계획하여 자신의 삶을 주체적으로 이끌어가야 한다고 강조한 것이다.

사르트르는 여기서 한 걸음 더 나갔다. '실존은 본질에 앞선다'는 유명한 표현은 2차 세계대전이 끝난 시점 파리의 클럽 망트낭에서 열린 연설을 통해 나왔다. 사르트르는 인간은 스스로 본질을 만들어가는 존재라고 규정했다. 하이데거가 피투 존재와 기투 존재의 차이를 강조한 것과 같다. 사르트르는 본질을 만들기 위해서는 인간 개인의 자유와 존엄성이 무엇보다 중요하다고 덧붙였다. 기투하는 삶, 목적하는 삶을 위해 인간은 데카르트의 자유의지나 칸트의 순수이성을 수단으로 해서 존엄성의 가치를 자유롭게 깨닫고 체화하여야 한다고 했다. 그렇게 얻어진 존엄성은 곧 개인의 인격이자 자유의 전부를 지탱해 주는 힘이다.

그렇다면 자유는 어느 한 사람이나 어느 한 편의 전유물일 수는 없는 노릇이다. 사르트르의 실존주의는 그 본질이 바로 여기서 출발한다. 나의 자유가 소중하듯 타인의 자유도 소중하다. 내가 속한 집단이나 사회의 존엄성이 중요하듯 다른 집단이나 사회의 존엄성도 같은 중요성을 가져야 한다. 마찬가지로 국가와 국가의 관계에서도 실존주의 철학이 요구된다. 따라서 힘이 강한 나라가 약한 나라를 침략해 그 국민의 자유를 제한하는 일은 당연히 있어서는 안 되는 행동이다. 사르트르의 실존 철학은 그래서 반전운동으로 이어진다.

결국 하이데거와 사르트르의 철학이 힘줘 말하는 내용은 실존인 인간은 자기 삶의 주인공인 만큼 자유를 갖고 자기의 삶을 기획하되 타인의 자유를 침해해서는 안 된다는 지엄한 명제를 말해준다. 마치 임마누엘 칸트가 타인에 대한 배려를 정언명령으로 규정하였듯이 말이다.

에필로그

빨랫줄 하나에 걸려있는 많은 성현과 철인의 가르침은 결국 사랑으로 함축된다. 인간의 존엄성은 그 누구에 의해서도 부정되거나 침해되어서는 안 된다. 그러기 위해서는 인간은 누구나 끝없이 겸손하고 관대하며 사랑하면서 타인과 공존하여야 한다. 개인을 떠나 사회와 국가 간의 관계도 마찬가지다.

공자와 제자인 자공(子貢)이 나눈 대화를 소개하는 것으로 이 글을 닫으려 한다.

공자가 어느 날 자공에게 "사(賜, 자공의 이름)야, 너는 내가 많이 배우고 모든 걸 기억하는 사람이라 생각하느냐?"라고 물었다. 그러자 자공은 "스승님은 당연히 그러하지 않으십니까?"라고 되물었다. 이에 공자는 "아니다, 나는 하나의 원리로 모든 걸 꿰뚫고 있을 뿐이다."라고 답했다.

공자는 다른 제자 증자(曾子)에게는 그 하나의 원리를 '仁'을 이루기 위한 '忠'과 '恕'라고 일깨웠다. 하나의 원리로 모든 걸 꿰뚫는 경지를 논어에서는 '일이관지(一以貫之)'라 표현하였다.

성자와 현자, 철인들이 지난 2500년 동안 하나의 원리로 인류에게 던져준 가르침의 길은 바로 사랑이고 배려이며 공존임을 절감한다. 한 빨랫줄에 걸린 그 깊으면서도 단순한 가르침의 지혜를 생각하며 글을 맺는다.

"The unexamined life is not worth living."

Socrates

김원재

경영학박사

경기대학교 서비스경영전문대학원 겸임교수

경기대학교 서비스경영전문대학원 최고경자AMP과정 주임교수

퀀텀 K-컬처 리더십과 경영

김원재
bmk6923@naver.com

「퀀텀 K-컬처 리더십과 경영」

- 김원재

프롤로그

초연결 시대의 리더십 패러다임 전환

현대 사회는 예측 불가능한 변화의 파동 속에 있으며, 리더십의 중심이 통제와 명령에서 공감과 연결로 이동하고 있다. 퀀텀은 미세한 변화가 거대한 변화를 일으키는 개념으로, 리더십 역시 작은 관계의 진동에서 출발한다. K-컬처가 세계적 현상이 된 이유도 감성, 스토리, 진정성의 파동이 사람들의 마음에 공명했기 때문이다. 따라서 퀀텀 리더는 지시하는 사람이 아니라 파동을 일으키는 사람이다. 위계가 아닌 네트워크 속에서, 통제가 아닌 공명을 통해 영향을 미친다. 현대의 리더십은 지식보다 감성, 계획보다 연결, 논리보다 공감을 중시하며, 새로운 질서를 창조하는 문화적 리더십으로 진화하고 있다.

퀀텀 리더십의 개념

퀀텀(Quantum)은 미시 세계의 변화 단위이자 비연속적 도약(Leap)을 의미한다. 퀀텀이라는 말은 원래 물리학 용어이다. 아주 미세한 세계, 즉 원자와 전자의 세계를 연구하는 양자(量子) 물리학(Quantum Physics)에서 유래했다. 여기서 퀀텀은 더 이상 나눌 수 없는 가장 작은 변화의 단위를 뜻한다. 예를 들어, 전자가 에너지를 흡수하거나 방출할 때 그 변화가 연속적으로 일어나는 것이 아니라, 순간적으로, 불연속적으로 점프(Leap)하듯 일어난다.

따라서 리더십의 패러다임은 이제 선형적 사고에서 벗어나야 한다. 과거의 리더십이 계획하고, 지시하고, 통제하는 직선형 리더십이었다면, 이제는 세상이 복잡하고 예측할 수 없는 확률의 시대이다. 그래서 리더는 확률적 사고, 즉 여러 가능성을 열어두고 변화에 유연하게 대응해야 한다. 또한, 데이터와 논리만으로는 한계가 있다. 리더에게 필요한 것은 직관(Intuition), 보이지 않는 흐름과 사람의 마음을 읽는 감성적 통찰이다.

마지막으로, 리더십은 더 이상 위에서 아래로 흐르지 않는다. 모두가 연결되어 있는 네트워크 속에서 상호연결적(Interconnected) 리더십, 즉 함께 공명하며 파동을 만드는 리더십이 필요한 시대이다. 결국 리더십이란 거창한 행동이 아니라, 작은 변화의 씨앗을 심고 파동을 확산시키는 힘이다. 작은 변화가 거대한 파동을 일으킨다. 이 문장이 바로 퀀텀 리더십의 핵심 철학이다.

감성과 스토리 기반의 영향력

K-컬처 리더십의 가장 큰 특징은 바로 감성과 스토리 기반의 영향력이다. 지금 전 세계를 움직이는 것은 정보나 논리가 아니다. 감정(Empathy)과 이야기(Story)이다. BTS의 노래, 드라마 오징어 게임, 영화 기생충을 떠올려 보라. 이 콘텐츠들이 세계인에게 통했던 이유는 한국의 기술력 때문이 아니라, 그 속에 담긴 감정의 진정성과 이야기의 힘 때문이었다.

사람은 논리로 설득되기보다, 이야기로 연결되고 감성으로 움직인다. 이것이 바로 K-컬처 리더십이 가진 본질적인 힘이다. 리더는 단순히 목표를 제시하는 사람이 아니라, 사람의 마음에 파동을 일으키는 스토리텔러가 되어야 한다. 그의 말 한마디, 제스처 하나, 비전의 한 장면 속에 사람들이 공감하고 자신을 투영할 수 있어야 한다. 그래서 K-컬처 리더십은 명령으로 이끄는 리더십이 아니라, 감성으로 공명하고, 스토리로 함께 걷게 만드는 리더십이다.

K-컬처 리더십의 또 하나의 중요한 특징은 바로 다양성과 융합을 중시하는 글로벌 감수성이다. K-컬처가 세계 속에서 사랑받는 이유는 그저 한국적인 것이기 때문이 아니다. 한국적인 것과 세계적인 것이 자연스럽게 융합되어 있기 때문이다. 예를 들어, BTS의 음악은 한국어 가사로 부르지만, 그 메시지는 보편적인 인류의 감정, 사랑, 성장, 아픔, 연대를 담고 있다. K-드라마와 K-영화 역시 한국의 정서와 세계인의 공감대를 동시에 건드린다. 이것이 바로 글로벌 감수성(Global Sensibility)이다. 다름을 배제하지 않고, 오히려 다양성을 끌어안아 새로운 조화를 만들어내는 힘이

다. 리더십에서도 이 감수성은 매우 중요하다. 하나의 정답을 강요하는 리더가 아니라, 다양한 문화·세대·가치관을 이해하고 융합시키는 리더, 즉 조화의 리더가 되어야 한다. 오늘날 조직은 하나의 민족, 하나의 언어, 하나의 사고방식으로만 움직이지 않는다. 따라서 K-컬처 리더십은 경계를 허물고, 다름 속에서 새로운 창조를 만들어내는 융합적 리더십(Fusion Leadership)으로 발전해야 한다. 결국 글로벌 감수성이란 세상을 나누지 않고 연결로 보는 시각이며, 충돌을 두려워하지 않고 조화로 바꾸는 태도이다.

K-컬처 리더십의 세 번째 특징은 바로 팬덤(Fandom)을 조직화하는 참여형 리더십이다. 오늘날 K-컬처의 성공 뒤에는 항상 팬덤이라는 강력한 집단이 존재한다. BTS의 아미(ARMY), 블랙핑크의 블링크(BLINK), 그리고 수많은 K-콘텐츠 팬들이 바로 그 주체이다. 이들은 단순한 소비자가 아니다. 콘텐츠의 수용자이자 동시에 생산자이며 확산자이다. 즉, 함께 만들어가는 공동체이다. 이 현상은 리더십에도 중요한 시사점을 준다. 과거의 리더십이 위에서 명령하고 조직원이 따르는 방식이었다면, 이제는 구성원 모두가 참여하고, 공감하고, 함께 성장하는 리더십, 바로 참여형 리더십(Participatory Leadership)이 필요하다. 리더는 팬덤의 중심처럼 사람들의 열정과 공감, 그리고 자발적 참여를 이끌어내는 촉매자가 되어야 한다. 명령으로 움직이는 조직이 아니라, 공감과 의미로 스스로 움직이는 공동체를 만드는 것, 이것이 팬덤형 리더십의 핵심이다.

BTS 팬들은 리더의 지시를 기다리지 않는다. 그들은 스스로 콘텐츠를 만들고, 스스로 기획하며, 스스로 확산한다. 리더는 단지 그 흐름을 연결하고, 방향을 제시하며, 에너지를 증폭시키는 역할을 할 뿐이다. 기업 경영에서도 마찬가지이다. 이제 직원은 고용된 사람이 아니라, 함께 꿈을 공유하는 팬이 되어야 한다. 조직은 회사가 아니라, 공감의 커뮤니티가 되어야 한다.

K-컬처 리더십의 또 하나의 중요한 특징은 문화적 자본(Cultural Capital)을 통해 경제적 가치를 창출한다는 점이다. 예전에는 경제적 자본이 기업의 힘이었다. 얼마나 많은 돈을 가지고 있느냐, 얼마나 큰 공장을 세웠느냐가 경쟁력의 기준이었다. 하지만 지금은 시대가 바뀌었다. 사람들이 선택하는 기준은 가격이나 기능이 아니라, 브랜드가 가진 이야기와 감성, 그리고 문화적 의미이다. 즉, 문화적 자본이 곧 경제적 자본으로 전환되는 시대, 바로 이것이 K-컬처가 만들어낸 새로운 경제 모델이다. BTS의 콘서트, 한류 드라마의 OST, K-푸드, K-뷰티 모두 처음엔 하나의 문화 경험으로 시작했지만, 지금은 막대한 산업적 가치와 수출 효과를 만들어내고 있다. 문화는 눈에 보이지 않지만, 사람의 마음속에 신뢰와 호감을 쌓는다. 이 감정이 결국 소비와 충성도, 그리고 브랜드 자산으로 이어진다.

리더십과 경영에서도 마찬가지이다. 이제 리더는 단순히 실적을 관리하는 사람이 아니라, 조직의 문화적 자본을 키워내는 스토리 메이커이자 의미 창조자가 되어야 한다. K-컬처 리더십은 문화적 감성을 통해 사람의 마음을 얻고, 그 감정의 연결을 경제적 가치로 전환시키는 리더십이다.

퀀텀 리더십과 경영, 불확실성의 수용 :

예측 불가능한 시장에서 유연한 대응

오늘날의 세상은 예측 불가능성(Unpredictability) 그 자체다. 계획대로 이루어지는 일보다 계획 밖에서 벌어지는 일이 훨씬 많다. 이제 리더십과 경영의 핵심은 불확실성을 제거하는 것이 아니라, 그것을 수용하고 활용하는 것으로 이동하고 있다. 과거의 리더는 모든 것을 통제하고, 계획하며, 관리하려 했다. 그러나 지금의 현실은 다르다. 아무리 정밀한 데이터와 전략이 있어도 한순간의 변화가 전체 판도를 뒤흔든다. 따라서 리더에게 필요한 것은 통제가 아니라 유연성(Flexibility)이다. 변화에 저항하지 않고 흐름을 읽으며, 방향을 전환하고, 필요하다면 완전히 새로운 길을 선택할 수 있어야 한다.

이것이 바로 불확실성의 리더십, 즉 퀀텀 리더십의 핵심 정신이다. 양자 세계에서 입자는 언제, 어디로 움직일지 정확히 예측할 수 없지만, 그 확률적 움직임 속에서도 일정한 질서가 형성된다. 시장 역시 마찬가지다. 겉으로는 불확실해 보이지만, 그 속에는 새로운 기회와 가능성이 숨어 있다. 진정한 리더는 불확실성을 두려워하지 않고, 그 안에서 새로운 질서와 방향성을 발견하는 사람이다. 예측보다 관찰을, 통제보다 유연함을, 정답보다 가능성을 믿는 태도. 그것이 오늘의 시대가 요구하는 리더십이다.

상호 작용적 의사결정:
위계보다 네트워크 중심구조

과거의 조직은 위계(hierarchy)로 움직였다. 명령은 위에서 내려오고, 현장은 따르는 구조였다. 그러나 오늘의 시대, 특히 K-컬처와 같은 창의 산업의 중심에서는 이러한 위계적 구조가 더 이상 작동하지 않는다. 그 이유는 단 하나, 변화의 속도가 너무 빠르고 예측이 불가능하기 때문이다. 이제 리더는 모든 답을 알고 있는 존재가 아니라, 연결의 허브이자 네트워크의 중심점이 되어야 한다. 의사결정은 더 이상 지시에서 나오지 않는다. 그것은 상호작용 속에서 만들어진다. BTS의 콘텐츠 제작 과정이나 SM, 하이브, YG의 팬 커뮤니티 운영 방식을 보면, 리더가 모든 것을 통제하지 않는다. 팬과 크리에이터, 디자이너, 마케터가 실시간으로 의견을 교환하며, 그 속에서 새로운 방향이 형성된다. 이것이 바로 네트워크 중심 의사결정 구조다.

이 구조의 핵심은 정보의 흐름이다. 정보가 위로만 보고되는 것이 아니라, 가로로, 대각선으로, 그리고 실시간으로 흐를 때 조직은 빠르게 대응하고 혁신을 지속할 수 있다. 퀀텀 리더십이 말하는 상호연결성(interconnectivity)은 바로 여기에 있다. 서로의 생각이 얽히고 교차하면서, 새로운 아이디어가 양자 도약(Quantum Leap)처럼 튀어나온다. 결국 미래의 리더십은 지시하는 힘이 아니라, 연결하고 조율하는 힘이다. 위계의 중심이 아니라 네트워크의 중심에 서는 리더, 그것이 K-컬처형 리더이자 퀀텀 리더의 모습이다.

에너지경영:

구성원의 감정·동기·몰입을 에너지로 본다

에너지경영은 구성원의 감정, 동기, 몰입을 에너지로 본다. 조직의 성과는 단순히 전략이나 시스템에서 나오는 것이 아니다. 그 근원에는 보이지 않지만 강하게 작용하는 에너지, 즉 구성원의 감정과 동기, 그리고 몰입이 존재한다. 감정은 조직 안에서 순환하는 정서의 전류이다. 리더의 한마디, 동료의 태도 하나가 조직 전체의 분위기를 바꾸며, 이 감정의 온도가 곧 팀의 생산성과 창의성으로 이어진다. 따뜻한 공감의 에너지는 조직을 성장시키지만, 냉소와 불신의 에너지는 조직을 멈추게 만든다.

동기는 그 에너지를 점화하는 불꽃이다. 사람은 보상보다 의미에 의해 움직인다. 왜? 이 일을 하는가에 대한 명확한 답이 있을 때 구성원은 스스로의 에너지를 불태우기 시작한다. 리더는 명령하는 존재가 아니라, 그 불씨에 산소를 공급하는 촉매자여야 한다.

몰입은 에너지의 응집이다. 감정이 연결되고 동기가 점화되면 사람들은 자발적으로 몰입하며 최고의 에너지를 발휘한다. 이때 조직은 외부의 압력보다 내부의 열정으로 움직인다.

에너지경영은 사람을 관리하는 것이 아니라, 사람 속에 흐르는 감정과 동기의 에너지를 관리하는 일이다. 리더는 흐름을 조율하고, 의미를 설계하며, 조직 전체의 정서를 건강하게 유지해야 한다. 이와같이 리더십이란 지식이 아니라 에너지의 예술이다. 감정이 통하고, 동기가 살아 있으며, 몰입이 이어지는 조직, 그곳이 바로 진정한 에너지경영이 실현되는 공간이다.

공진화(Co-evolution):
조직과 환경이 함께 진화

공진화(Co-evolution)는 조직이 단독으로 발전하는 것이 아니라, 환경과 상호작용하며 함께 진화하는 과정을 의미한다. 조직은 환경의 변화에 적응하면서 동시에 환경 역시 조직의 행동과 혁신에 의해 변화한다. 이러한 구조는 상호의존적 진화의 형태로, 생물학에서 유래했으나 경영학에서는 시장, 고객, 기술, 사회문화적 변화 속에서 기업이 어떻게 공존하며 성장하는가를 설명하는 핵심 원리로 사용된다. 조직이 공진화하기 위해서는 세 가지 관점이 필요하다.

첫째, 관찰의 민감성이다. 외부의 변화를 단순한 위협이 아니라 학습의 신호로 인식해야 한다. 둘째, 적응의 유연성이다. 변화에 즉각적으로 반응할 수 있는 구조와 리더십이 필수적이다. 셋째, 공유의 확장성이다. 파트너, 고객, 구성원과의 협력을 통해 새로운 가치 생태계를 만들어가야 한다.

공진화는 나 혼자 잘 되는 리더십이 아니라, 함께 성장하며 전체 시스템을 진화시키는 리더십이다. 이것이 퀀텀 리더십의 본질이자, 불확실한 시대의 생존 전략이다.

퀀텀리더의 3가지 핵심역량

직관적 통찰력(Intuitive Insight)

퀀텀 리더십에서 첫 번째 핵심 역량은 직관적 통찰력(Intuitive Insight)이다. 이것은 단순한 감이 아니라, 복잡한 상황 속에서 보이지 않는 흐름과 의미를 읽어내는 능력을 뜻한다.
직관은 데이터 이전에 작동하는 인식이다. 수많은 정보가 연결되는 패턴을 한순간에 감지하고, 그 안에서 본질과 가능성을 찾아내는 감각적 사고력이다. 오늘날의 경영환경은 예측 불가능하고 빠르게 변화한다. 이럴 때 퀀텀 리더는 논리적 분석만으로는 한계가 있음을 인식하고, 경험과 감각, 그리고 잠재된 지식을 결합해 직관의 결정을 신뢰한다.

직관적 통찰력은 우연이 아니라 깊은 관찰과 열린 마음에서 비롯된 확신이다. 수많은 데이터 속에서 신호를 포착하고, 그 의미를 연결해 조직이 나아가야 할 방향을 감지하는 능력이다. 직관적 통찰력은 퀀텀 리더가 불확실성 속에서도 길을 잃지 않고 새로운 가능성을 창조하게 하는 힘의 근원이 된다.

에너지 공명력(Energy Resonance)

퀀텀 리더의 두 번째 핵심 역량은 에너지 공명력(Energy Resonance)이다. 이는 단순히 영향력을 행사하는 것이 아니라, 사람과 사람 사이의 진동을 맞추는 능력을 의미한다. 리더의 말, 태도, 감정은 보이지 않지만 강력한 에너지로 조직에 퍼진다. 긍정적 에너지는 신뢰와 몰입을 낳고, 부정적 에너지는 불안과 거리감을 만든다. 따라서 퀀텀 리더는 자신이 내는 에너지의 파장을 인식하고, 그 진동이 조직 전체에 어떤 공명을 일으키는지를 늘 살핀다. 공명력은 억지로 만들어지는 것이 아니라, 진정성과 감정의 일치에서 나온다. 리더가 자신의 신념과 행동을 일치시킬 때, 그 에너지는 구성원들에게 자연스럽게 전이된다. 에너지 공명력은 리더가 조직의 감정적 중심이 되어 함께 공감하고, 함께 진동하며, 하나의 리듬으로 움직이게 만드는 힘이다.

네트워크 촉발력(Network Activation)

퀀텀 리더의 세 번째 핵심 역량은 네트워크 촉발력(Network Activation Power)이다.

이것은 리더가 직접 모든 일을 수행하는 것이 아니라, 사람과 사람, 아이디어와 자원을 연결하여 새로운 흐름을 만들어내는 힘을 의미한다. 오늘날의 리더십은 지시보다 연결이 더 중요하다. 퀀텀 리더는 조직 안팎의 관계망 속에서 누가 누구와 만나면 더 큰 시너지가 나는지를 직관적으로 감지한다. 그리고 그 연결을 촉발시켜 스스로 움직이는 생태계를 구축한다.

이 능력의 핵심은 신뢰를 기반으로 한 소통이다. 리더가 진정성 있게 연결할수록 사람들은 자발적으로 협력하고, 정보와 에너지가 빠르게 순환하면서 조직 전체가 살아 있는 네트워크로 작동한다.

경영적 시사점

전략보다 파동관리(Wave Management)

오늘날의 경영은 더 이상 전략 중심만으로는 충분하지 않다. 세상은 예측 불가능하게 움직이며, 시장의 흐름은 일직선이 아니라 파동(Wave)으로 진동한다. 따라서 리더에게는 계획을 세우기보다 파동을 읽고 조율하는 능력, 즉 웨이브 매니지먼트(Wave Management)가 필요하다. 파동관리는 변화의 흐름을 억누르지 않고, 타이밍과 리듬을 맞추는 경영 방식이다.

시장과 조직, 사람의 감정이 만들어내는 에너지의 진폭을 감지하고, 그 흐름에 따라 언제 밀고 언제 멈출지를 판단하는 감각이 핵심이다. 이러한 접근은 불확실성을 두려워하지 않고, 변화의 파동을 성장의 에너지로 전환한다는 점에서 중요하다. 경영의 본질은 전략의 정교함이 아니라, 파동을 감지하고 공명하는 리더의 감수성에 달려 있다. 즉, 퀀텀 시대의 리더십은 전략적 계획보다 파동을 다스리는 감성적 지휘력이 핵심이다.

명령보다 공진 리더십(Sympathy Leadership)

오늘의 조직은 명령으로 움직이지 않는다. 리더의 말보다 공감의 파동이, 지시보다 에너지의 공진이 더 큰 힘을 낸다. 과거의 리더십이 복종을 중심으로 했다면, 공진 리더십은 공명을 중심으로 작동한다. 리더가 먼저 진동하면 구성원들이 그 주파수에 반응하며 함께 진동한다.

이때 조직은 단순히 효율적으로 움직이는 것을 넘어, 하나의 유기체처럼 살아 있는 에너지의 장이 된다. 그 안에서 신뢰, 몰입, 창의성이 자연스럽게 증폭된다. 경영의 핵심은 더 이상 통제(control)가 아니라 공명(resonance)이다. 리더가 마음을 울리면 구성원이 스스로 움직인다. 이것이 명령보다 강하고 오래가는 리더십의 힘이다.

경쟁보다 공명(Resonance) 경영

오랫동안 경영의 중심에는 경쟁이 있었다. 그러나 초연결 시대의 리더십은 공명으로 진화하고 있다. 경쟁은 상대를 이기는 힘이지만, 공명은 서로를 살리는 에너지다. 타인의 실패 위에 서는 대신, 함께 진동하며 집단의 에너지를 증폭시키는 방식이다. 공명 리더십은 지시나 통제보다 감정, 가치, 의미의 울림을 중시한다. 리더가 조직과 구성원, 그리고 사회와 진심으로 공감할 때 그 조직은 단순한 성과를 넘어 신뢰 기반의 지속 가능한 성장을 이룬다. 오늘의 경영자는 경쟁의 구도에서 벗어나 공명의 리더십, 즉 함께 진화하는 리더십을 선택해야 한다.

파동처럼 퍼지는 공감의 힘이 바로 미래 조직의 새로운 경쟁력이다.

"The unexamined life is not worth living."

Socrates

권경민 교수는 스위스 Cesar Ritz에서 관광경영학, 미국 University of Utah에서 교육학 석사를 취득했다. 한국지식문화원 대표이자 KCN뉴스 발행인으로, 오랜 기간 인문학 대중화와 문화 연구에 힘써왔다. 경찰대학교, KAIST 인문학 외래교수, 문화체육관광부 인문학 자문위원 등 인문학자로서 다양한 활동 중인 베스트셀러 작가다.

국무총리실, 감사원, 경찰대학교, 삼성경제연구소, 포스코, LG전자, 한국은행 등 다양한 기관과 기업에서 1,500회 이상 강연을 진행하고 있다. SBS뉴스토리, MBC다큐프라임, jbc뉴스, KBS뉴스 등 국내외 방송에 60회 이상 출연했다.

그의 강의는 단순한 지식 전달이 아니라, 삶과 문화의 감각을 회복시키는 인문학적 체험으로 평가받는다.

『맥주 한 잔, 유럽 여행』, 『맥주소담』, 『도시 인문학 강의 맥주편』 등 베스트셀러 5권을 포함하여 17권의 단독 저서를 집필했다.

그는 맥주를 통해 도시를 읽고, 문화를 통해 인간을 이해하는 “감각의 인문학자”로 불린다.

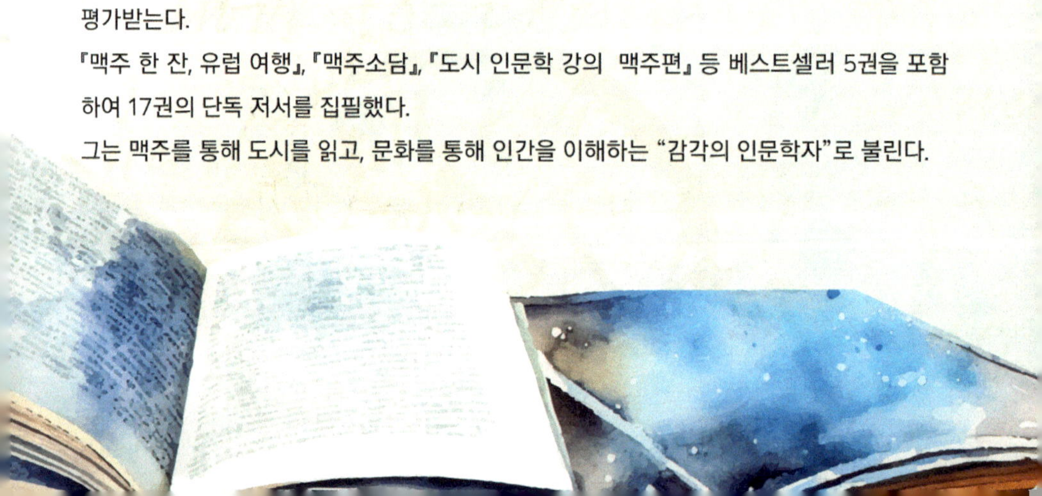

도시 인문학
맥주로 읽는 세계

권경민
ceo@kcbooks.org

「도시 인문학 - 맥주로 읽는 세계」
- 권경민

프롤로그

한 잔의 맥주, 도시의 문을 여는 인문학

맥주는 인간의 손끝에서 태어난 최초의 문화이자, 감각으로 빚어진 철학이다. 한 잔의 맥주를 마신다는 것은 도시와 시간을 함께 마시는 일이다. 누군가의 하루가 흘러간 거리, 불빛이 잠드는 순간의 냄새, 저녁의 온기와 소음, 이 모든 것이 맥주 한 잔의 기억 속에 녹아 있다.

맥주는 인간이 만든 문명 중 가장 오래된 '감각의 언어'다. 우연히 발견된 발효의 비밀은 곧 신의 선물이자 인간의 예술로 여겨졌다. 고대 메소포타미아의 신전에는 이미 맥주 여신 닌카시의 찬가가 새겨져 있었고, 피라미드를 세운 노동자들은 맥주를 급여로 받으며 신의 질서 속에서 일했다.

맥주는 도시 문명의 숨결이며, 인간의 사유가 발효된 문화다. 도시 인문학은 이러한 맥주의 감각을 통해 인간의 도시를 읽는다. 우리는 흔히 도시를 건물과 도로, 사람의 밀집으로만 보지만, 도시의 본질은 '감각의 집합'에 있다. 냄새, 소리, 맛, 빛, 손끝의 온도, 이것이 도시를 구성하는 진짜 언어다. 도시 인문학은 그 언어를 해석하고, 감각을 철학으로 바꾸는 사유의 학문이다.

『도시 인문학 - 맥주로 읽는 세계』는 한 잔의 맥주를 통해 도시의 이야기를 듣는 여행이다. 우리는 런던의 펍에서 철학의 냄새를 맡고, 프라하의 비어홀에서 시민의 자유를 마시며, 뮌헨의 비에르가르텐에서 질서의 아름다움을 본다. 그리고 브뤼셀의 수도원에서는 침묵의 철학을, 뉴욕과 샌디에이고에서는 실험의 자유를 느낀다.

이 강의는 도시를 지리적이 아니라, 감정과 기억의 순서로 여행한다. 어떤 도시는 향기로 다가오고, 어떤 도시는 소리로 남으며, 또 어떤 도시는 한 모금의 거품처럼 사라진다. 맥주는 그 모든 감각을 이어주는 통로다. 맥주를 통해 도시를 읽는다는 것은, 결국 인간의 감정과 기억을 다시 복원하는 일이다.

"맥주는 시간의 언어다. 한 잔의 거품 속에서 우리는 도시의 역사와 인간의 온도를 동시에 마신다."

맥주는 왜 인문학의 언어가 되었는가?

인문학은 인간을 이해하는 학문이다. 그런데 인간을 진짜로 이해하려면, 인간이 느끼는 감각을 이해해야 한다. 우리는 생각보다 '맛'으로 세상을 인식한다. 달콤함은 희망을, 쓴맛은 시련을, 신맛은 각성을 상징한다. 맥주는 그 모든 맛의 조화를 통해 인간의 삶을 재현하는 감각의 예술이다.

고대의 맥주는 오늘날의 술보다 훨씬 탁하고, 걸쭉했으며, 신성한 의식의 일부였다. 맥주를 나누는 행위는 곧 신과 인간의 관계를 이어주는 제의였다. 인간은 이 발효의 과정에서 우연을 통제하고, 자연의 질서를 이해하려 했다. 이것이 곧 인문학의 출발점이다.

맥주가 인문학의 언어가 되는 이유는 그것이 감각과 이성, 인간과 자연, 공동체와 개인의 경계를 동시에 넘나드는 매개체이기 때문이다.

한 잔의 맥주는 인간이 만든 가장 오래된 '문화적 기록'이며, 감각으로 쓴 철학서다.

중세 유럽의 수도사들은 신의 침묵 속에서 맥주를 빚었다. 그들에게 양조는 노동이자 기도였다. 효모가 발효하는 소리는 신의 대답과 같았다. 금식기간에 수도사들은 맥주를 통해 영양을 보충하며 동시에 절제의 미학을 배웠다. '액체빵(Liquid Bread)'이라 불린 그 맥주는 신앙과 생존, 윤리와 예술이 결합된 인간 문화의 결정체였다.

근대에 들어 맥주는 도시의 상징이 된다. 산업혁명은 맥주를 대량생산의 시대에 올려놓았고, 기술의 발전은 맥주의 표준화를 가능하게 했다. 그러나 동시에, 인간의 손맛과 공동체의 온기가 사라져갔다.

그때부터 맥주는 단순한 산업이 아니라, 인간성과 공동체의 회복을 상징하는 문화적 언어로 다시 해석되기 시작했다.

맥주가 인문학의 언어라는 말은 단순한 비유가 아니다. 맥주를 빚는 과정은 사유의 과정과 닮아 있다. 끓이고, 식히고, 기다리고,

발효시키는 일. 이 모든 과정은 인간이 세계를 이해하는 방식, 즉 사유의 발효를 닮았다.

“인문학은 생각을 발효시키는 시간이다. 맥주가 익어가듯, 사유도 기다림 속에서 완성된다.”

인간과 도시, 발효의 문명

도시는 언제나 ‘발효’의 공간이었다. 사람들이 모이고, 관계가 쌓이고, 사상이 교차하며, 문화가 피어나는 곳, 그것이 도시다. 발효는 단순한 생화학적 변화가 아니라, 인간 사회의 은유다.

곡물이 효모와 만나 새로운 생명을 얻듯, 인간의 사유와 감정도 도시라는 그릇 안에서 숙성된다.

도시는 맥주의 또 다른 양조장이다. 이곳에서 인간은 익어가고, 사회는 발효된다. 프라하의 시민혁명, 뮌헨의 맥주순수령, 런던의 산업화는 모두 맥주의 문화사이자 도시의 진화사다. 도시의 역사 속에는 언제나 한 잔의 맥주가 있었다.

도시의 맥주는 기후와 물, 풍토와 사람의 관계를 반영한다. 독일 남부의 라거는 냉철한 규율을, 체코의 필스너는 자유와 낭만을, 벨기에의 트라피스트는 침묵의 철학을, 영국의 에일은 토론과 유머를 담고 있다.

이 맛의 다양성은 인간 문명의 다양성과 닮아 있다. 맥주 한 잔에는 도시의 구조가 있다.

거품은 일상의 리듬이고, 향은 기억의 잔향이며, 맛은 관계의 온도다. 도시의 골목마다, 광장마다, 펍마다, 우리는 맥주를 통해 그 도시가 지닌 문화적 심장을 느낄 수 있다.

맥주가 도시의 언어가 되는 이유는, 그 속에 '시간'이 있기 때문이다. 발효의 시간은 기다림의 미학을 가르친다. 도시의 속도와 경쟁 속에서도, 맥주는 우리에게 천천히 익어가는 삶의 의미를 상기시킨다.

"도시는 인간이 발효된 풍경이다. 그 안에서 우리는 서로의 향기를 닮아가며, 시간을 숙성시킨다."

유럽의 맥주 도시들: 자유와 질서의 미학

유럽은 맥주로 자신의 정체성을 증명한 대륙이다. 도시마다 다른 기후, 물맛, 문화, 종교 그리고 정치가 맥주의 향과 맛을 바꾸었다. 그 차이는 단순한 지역 특색이 아니라, 도시의 사유 방식과 철학의 표현이었다.

프라하 - 황금빛 자유의 잔

프라하는 맥주로 저항한 도시다. 1842년, 필스너 우르켈(Pilsner Urquell)의 탄생은 양조의 혁신이자 시민의 자존심 선언이었다. 체코인들은 제국의 통치 속에서도 자신들의 언어와 문화를 잃지 않기 위해 맥주를 만들었다. 황금빛 거품은 발효의 결과를 넘어 자유의 상징이었다.

프라하의 비어홀은 정치와 토론의 광장이었고, 한 잔의 맥주는 시민의 연대였다. 지금도 체코에서는 "국민은 맥주로 단결한다"는 말이 농담이 아니다. 맥주를 통해 그들은 역사를 잊지 않고, 웃으며 저항한다.

뮌헨 – 질서와 축제의 미학

뮌헨은 맥주가 법이 된 도시다. 1516년 제정된 '맥주순수령(Reinheitsgebot)'은 세계 최초의 식품 법으로, 맥주를 오직 보리, 물, 홉 세 가지 재료로만 빚어야 한다고 규정했다. 그 단순한 규율이 독일인의 정직함과 장인정신을 상징한다.

뮌헨의 옥토버페스트는 수백만 명이 같은 맥주를 마시며 웃고 노래하지만, 질서와 절제가 흐트러지지 않는다. 맥주는 이곳에서 혼돈이 아니라 '공동체의 조화'를 의미한다.

런던 – 펍의 철학과 사유의 공간

런던에서 맥주는 노동의 리듬과 지성의 유머를 닮았다. 산업혁명 이후 펍(pub)은 시민의 토론장이 되었다. 런던의 펍에서는 계급이 무너지고, 사람들은 맥주잔을 사이에 두고 사색했다.

전통 펍의 캐스크 에일(Cask Ale)은 인위적인 탄산 주입 없이 천천히 숙성된다. 이 느림의 미학은 런던의 도시 철학을 닮았다. 빠르지 않지만 깊고, 화려하진 않지만 견고하다. 맥주를 마시는 것은 이 도시에서 '머무는 행위'이며, 일상의 철학을 실천하는 시간이다.

브뤼셀 – 침묵의 수도원, 영혼의 맥주

벨기에의 브뤼셀에는 세속과 신성이 공존한다. 수도사들이 빚은

트라피스트(Trappist) 맥주는 세상과 단절된 영성의 산물이다. 병 속에서 자연 발효되는 이 맥주는 '침묵의 철학'을 닮았다.

수도사들은 탐닉이 아니라 절제를, 소비가 아니라 성찰을 위해 맥주를 빚었다. 브뤼셀의 맥주는 그 정신을 이어받아, 오늘날에도 감각의 경건함을 일깨운다.

이 네 도시는 맥주의 네 가지 미학을 보여준다. 자유(프라하), 질서(뮌헨), 사유(런던), 영성(브뤼셀), 그것이 바로 유럽이 맥주를 통해 세계에 전한 인문학적 가치다.

"한 잔의 맥주는 도시의 철학을 닮는다. 자유의 맛은 거품 속에, 질서의 향은 잔의 무게에, 영혼의 리듬은 발효의 침묵 속에 있다."

근대의 맥주, 산업과 예술 사이에서

근대는 맥주가 예술에서 산업으로 전환된 시대였다. 기술의 발전은 맥주를 대량생산의 영역으로 끌어올렸고, 냉장기술과 병입 시스템은 맥주를 도시의 상징으로 만들었다. 그러나 효율의 시대는 동시에 감성의 상실을 초래했다. 인간의 손끝에서 빚어진 예술은 점점 공장 속으로 사라져갔다.

그럼에도 불구하고, 맥주는 여전히 인간의 창의성을 담는 그릇이었다. 19세기 후반 유럽의 예술가들은 맥주를 일상의 예술로 해석했다. 파리의 카페, 빈의 살롱, 베를린의 비에르가르텐은 예술가와 철학자, 혁명가의 공간이었다. 그들은 맥주잔 위에서 세상을 논했고, 새로운 감각의 문화를 만들었다. 근대 도시의 맥주는 '소리 없는 혁명'이었다.

노동자들은 퇴근 후 한 잔의 맥주로 하루를 위로했고, 지식인들은 펍에서 사상을 발효시켰다. 맥주는 계급을 넘나드는 유일한 공통 언어였다. 그 잔 위에서 사람들은 처음으로 "함께 마신다"는 평등의 감각을 배웠다.

도시는 맥주를 통해 자신을 비추었다. 거품이 꺼져도 남는 향처럼, 산업사회의 냉혹함 속에서도 인간의 온기는 사라지지 않았다. 맥주는 그 잔잔한 온기의 은유였다.

"맥주는 산업의 산물이 아니라, 인간의 사유가 담긴 발효의 예술이다. 효율이 모든 것을 삼킨 시대에도, 한 잔의 맥주는 여전히 인간의 온도를 지켜낸다."

현대 도시의 맥주 혁명: 감각의 회복

21세기의 도시에서 맥주는 다시 '예술'로 돌아왔다. 대량생산의 시대를 지나, 이제 사람들은 익숙한 맛보다 '나만의 향'을 찾는다. 이 흐름의 중심에는 크래프트 맥주가 있다. 크래프트 맥주는 단지 새로운 스타일이 아니라, 감각의 복권이다. 대기업 브랜드의 획일화된 맛에서 벗어나, 양조인은 자신만의 철학과 미학을 담는다.

어떤 이는 지역의 물을 고집하고, 어떤 이는 과일이나 허브, 향신료로 실험한다. 그 다양성은 곧 도시의 다양성을 닮았다. 브루어들은 기술보다 이야기를 팔고, 맛보다 철학을 전한다. 맥주는 상품이 아니라 '공유되는 감각'으로 진화했다.

예술과 맥주가 결합한다. 브루어리에서 전시회와 공연이 열리고, 캔 디자인은 회화와 설치미술의 캔버스가 된다. 젊은 세대는 맥주를 '마시는 예술'로 인식하며, 그 안에서 도시의 창의성을 표현한다.

현대의 맥주는 관계의 재발견이기도 하다. 디지털 속에서 고립된 시대, 사람들은 다시 오프라인에서 만나고, 대화하고, 함께 마신다. 브루펍은 현대 사회의 새로운 광장이 되었다. 거품이 사라지기 전에, 우리는 다시 서로의 온기를 확인한다.

"감각의 회복은 인간을 되찾는 일이다. 맥주는 그 회복의 시작점이며, 도시의 잃어버린 온도를 되살리는 감각의 언어다."

도시 인문학, 감각의 언어로 말하다

도시 인문학은 숫자나 통계로 도시를 해석하지 않는다. 그 대신, 도시의 냄새와 소리, 사람들의 몸짓과 표정을 읽는다. 도시를 구성하는 것은 건물의 높이가 아니라, 그 안에서 흘러가는 감정의 리듬이다. 도시 인문학의 핵심은 '감각의 복원'이다.

우리가 사는 도시는 점점 더 효율적으로, 더 빠르게, 더 조용하게 만들어지고 있다. 그러나 그 속도 속에서 인간은 자신이 가진 감각을 잃어버린다. 도시 인문학은 그 감각을 되찾기 위한 사유의 실천이다.

맥주는 그 사유의 좋은 모델이다. 끓이고, 식히고, 기다리는 과정에서 우리는 시간의 미학을 배운다. 맥주는 효율보다 과정, 결과보다 향기, 소비보다 공감을 중시한다. 이 철학은 현대 도시가 잃어버린 인간적 균형을 상기시킨다. 맥주는 도시의 언어로 말한다.

프라하의 필스너는 시민의 자유를, 뮌헨의 라거는 질서와 장인정신을, 브뤼셀의 트라피스트는 영혼의 침묵을, 런던의 에일은 노동의 품위를 이야기한다. 그리고 뉴욕의 IPA는 실험의 용기를 말한다.

맥주는 각 도시의 역사적 기억을 담은 감각의 사전이다. 그 향과 색, 잔의 무게감 속에서 우리는 문명과 인간의 흔적을 읽는다. 이것이 도시 인문학이 맥주를 통해 전하려는 메시지다.

"감각으로 세계를 이해하라. 냄새를 기억하고, 맛을 음미하며, 사람의 온도를 느끼며 도시를 이해하라. 인문학은 결국, 인간의 감각을 되찾는 예술이다."

에필로그

한 잔의 맥주, 한 편의 인문학

이 강의는 맥주를 통해 도시를 읽고, 감각으로 인문학을 체험하는 여정이다. '도시 인문학 맥주편'은 강의이자 하나의 인문학적 실험이다. 강의 목적은 감각의 회복과 사유의 확장을 돕는 것이다. 참여자는 맥주의 역사와 도시 문화를 통해 세계 문명을 새롭게 이해하고, 자신의 삶에서 인문학적 시각을 발견하게 된다. 인문학은 멀리 있는 지식이 아니다. 그것은 한 잔의 맥주 속에서도 피어나는 사유의 향기다.

한 잔의 맥주에는 인간의 노동, 기쁨, 슬픔 그리고 회복의 이야기가 녹아 있다. 맥주는 도시의 시간이며, 인간의 감정이 발효된 예술이다. 프라하의 노을 아래에서, 뮌헨의 축제 속에서, 런던의 펍에서, 우리는 모두 다른 맥주를 마시지만, 결국 같은 인간의 향기를 느낀다.

맥주는 우리를 연결한다. 언어를 넘어, 시대를 넘어, 감각으로 이어진다.

"맥주는 인간이 만든 가장 오래된 시(詩)다. 그 한 잔 속에서 우리는 도시의 이야기를 마시고, 자신을 다시 발견한다."

"Education is not the filling of a vessel
but the kindling of a flame."

Plutarch

강경아 교수는 한국지식문화원 부대표, 인문학연구소 주임교수이자 KCN뉴스 대표로, 향기와 감각을 중심으로 한 인문학 연구와 대중화에 힘써온 전문가다. 그녀는 체험형 강연과 교육 프로그램을 통해 기억과 정서, 문화적 체험을 탐구하며, 단순한 지식 전달을 넘어 감각과 경험을 깨우는 인문학적 체험을 제공한다. 다양한 기관과 기업에서 강의를 진행하며 폭넓은 경험을 쌓았다. 저서 『향기인문학』, 『도시 인문학 강의 향기편』, 『인향만리 카이로스엔젤 향기시집』 등을 통해 향기와 감각을 활용한 인문학적 사유를 널리 알리고 있다. 강경아 교수는 감각 기반 인문학을 통해 독자와 참여자가 스스로 삶과 존재를 재발견하도록 안내하는 '향기 인문학자'로 평가받고 있다.

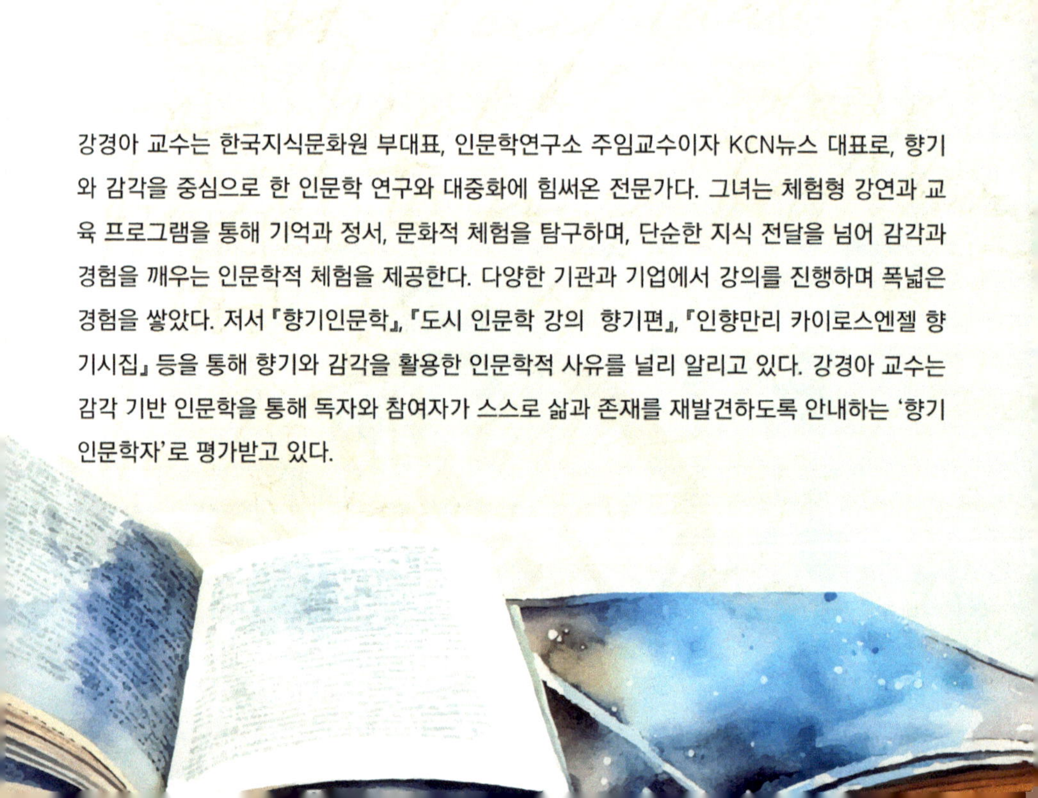

세기를 뒤흔든
카이로스 향기인문학

강경아
coo@kcbooks.org

「세기를 뒤흔든 카이로스 향기인문학」
- 강경아

프롤로그

잃어버린 감각을 찾아서

우리는 눈으로 세상을 보고, 귀로 소리를 들으며, 손으로 만지고 맛보며 살아간다. 그러나 이 모든 감각 중 가장 원초적이고 본능적이면서도, 흔히 간과되는 감각이 있다. 바로 후각이다. 문명의 발전과 함께 인간은 시각과 청각 중심의 세계를 구축하며 향기의 언어를 잊어버린 듯 보였지만 우리의 존재 깊숙한 곳에는 여전히 향기가 남긴 기억과 감정의 흔적들이 살아 숨 쉬고 있다.

향기인문학은 바로 이 잃어버린 후각을 되살리고, 향기를 통해 인간의 존재와 문화를 깊이 탐색하는 새로운 인문학적 여정이다.

이 강의는 단순한 지식 전달이 아니라, 감각을 깨우는 체험과 철학적 사유를 결합한 프로그램으로, 참여자들에게 '향기를 통한 존재 체험'을 선사한다.

감각의 철학, 향기로 읽는 인간의 존재

인간은 태어나는 순간부터 향기를 통해 세상을 인식한다. 첫울음과 함께 들이마신 공기 속에는 생명의 향기가 있고, 그 향기는 평생의 기억으로 남는다. 향기는 단순한 감각이 아니라 존재를 인식하게 하는 감각적 언어이며, 인간의 사유와 감정, 문화의 본질에 가장 가까운 통로이다.

오늘날의 인문학이 언어와 이성, 혹은 시각적 이미지 중심으로 전개되어 왔다면, 향기인문학은 그 반대편에서 '감각의 철학'을 되살린다. 이는 후각을 통해 인간의 내면과 세계를 다시 이해하려는 시도이며, 감각과 존재, 기억과 정체성을 함께 탐구하는 새로운 인문학적 사유의 길이다. 강의에서는 참여자들에게 향기를 맡고 그 경험을 기록하게 하며, 기억과 감정을 언어로 풀어내도록 유도한다. 이 과정에서 향기는 단순한 냄새가 아니라 자기 인식과 감정 탐구의 매개로 작동한다.

향기로 읽는 인간의 시간

향기는 시간을 저장한다. 시각이 형태를, 청각이 소리를 기억한다면, 후각은 그 순간의 공기를 기억한다. 한 번 맡은 향기는 수십 년이 지나도 그때의 정서와 장면을 생생히 불러온다. 향기는 감정의 흔적이자 기억의 철학이다.

고대 이집트의 미라는 향료와 함께 영원을 꿈꾸었고, 그리스의 신전에서는 향기가 신과 인간을 잇는 언어였다. 동양에서는 향을 피워 마음을 정화하고, '향의 시간' 속에서 사유의 깊이를 다졌다. 이렇듯 향기는 시대와 공간을 넘어 인간의 기억을 보존하며, 존재의 시간을 영속시키는 감각적 기록이다.

향기인문학은 이 '향의 시간성'을 통해 인간의 존재론을 다시 묻는다. 향기는 사라지지만, 그 사라짐 속에서 오히려 더 강렬히 기억된다. 그것은 '순간 속의 영원'을 보여주는 감각적 메타포이며, 시간과 존재가 교차하는 인문학적 현장이다.

향기의 문명사, 감정의 미학

인류의 문명사는 향기의 궤적 위에서 전개되어 왔다. 향신료는 교역의 동력이었고, 제국의 탐욕을 자극한 문화적 기호였다. 인도의 정향, 아라비아의 무스크, 프랑스의 장미와 라벤더는 단순한 향기가 아니라 권력의 상징이었다. 루이 14세의 궁정은 향기로 악취를 덮은 '문명의 미학'을 연출했고, 클레오파트라는 향기로 정치의 이미지를 설계했다.

동양에서 향은 정신과 감정의 예술이었다. 향을 피워 사유하는 선비의 시간은 내면의 수양이자 존재의 수련이었다. 불교의 향은 깨달음을, 유교의 향은 예(禮)를, 도교의 향은 자연과의 합일을 상징했다. 이렇듯 향기는 인간의 감정과 사유가 응축된 상징체계이며, 감각의 문명사 그 자체다.

향기인문학은 이러한 역사적·문화적 궤적을 따라 향기의 사회적·철학적 의미를 해석한다. 향기는 미적 대상이자 심리적 언어이며,

동시에 인간이 자신을 표현하는 방식이었다. 인간의 감정이 향기에 스며들고, 향기가 감정을 재구성하며, 이 과정에서 인류는 '향기의 문화적 감정'을 축적해 왔다.

후각의 철학, 감각의 회복

근대 이후 인간의 감각 체계는 시각 중심으로 재편되었다. 도시는 이미지로 넘쳐나고, 정보는 눈으로 소비된다. 그러나 이성의 시대는 감정의 빈곤을 낳았다. 향기를 잃은 사회는 감정의 기억을 잃은 사회이며, 향기의 부재는 곧 인간성의 퇴색이다.

향기인문학은 이 상실된 감각을 회복시키는 철학적·교육적 작업이다. 향을 맡는 행위는 논리를 초월한 감정의 경험이며, 언어 이전의 세계로 돌아가는 체험이다. 그것은 인간의 원초적 감수성을 일깨우는 행위로, 존재의 근원을 향한 사유의 출발점이다.

하이데거가 말한 '세계-내-존재', 메를로퐁티가 강조한 '몸의 현상학'은 모두 감각적 세계에서의 존재 인식을 전제한다. 향기는 그 현상학적 감각의 정점이다. 향기를 느낀다는 것은 세계 속에서 '살아 있음'을 느끼는 일이며, 이 감각은 인간의 실존을 가장 근본적으로 환기시킨다.

향기와 감정, 치유의 인문학

감정은 향기에 반응하고, 향기는 감정의 문법을 지닌다. 라벤더는 불안을 달래고, 베르가못은 활력을 주며, 로즈는 사랑의 기억을 불러온다. 이러한 향기의 작용은 생리적 현상이 아니라 감정의 미학이다. 향기는 무의식의 심층에 닿아 감정의 방향을 바꾸고, 인간의 정서 구조를 조율한다.

향기인문학은 이 감정의 언어를 탐구한다. 향은 무형의 감정과 인간의 관계를 연결하는 매개체이며, 개인의 내면뿐 아니라 사회적 관계의 감수성을 회복시킨다. 향기를 통해 인간은 타인의 마음을 이해하고, 자신과의 관계를 재정립한다. 향의 치유는 곧 '감정의 회복'을 의미하며, 이는 결국 인간다움의 회복이다.

카이로스의 향기 - 존재의 순간

그리스어 카이로스(Kairos)는 '의미와 감동이 있는 결정적 순간'을 뜻한다. 향기는 바로 그 순간을 포착하는 감각이다. 향기가 피어오르는 찰나의 공기에는 시간의 밀도가 응축되어 있다. 어떤 향기는 과거를 불러오고, 또 어떤 향기는 새로운 존재의 가능성을 연다.

향기인문학은 이 카이로스의 순간을 '존재의 체험'으로 해석한다. 향기는 눈에 보이지 않지만, 존재를 실감하게 한다. 그 향기를 맡는 순간, 인간은 시간의 흐름 속에서 잠시 멈추어 '지금, 여기'를 감각한다. 이 짧은 찰나의 경험이 바로 인문학이 추구하는 삶의 본질이다. 향기 속에서 우리는 자신을 인식하고, 세계를 새롭게 경험한다.

향기인문학의 의미와 미래

향기인문학은 인간의 감각, 정서, 철학, 문화, 예술이 교차하는 융합 인문학이다. 향기를 매개로 인간의 정체성을 재조명하고, 감각적 기억 속에서 존재의 의미를 되묻는 새로운 인문학적 패러다임이다.

21세기의 인문학이 직면한 과제는 '감정의 복원'이다. 기계적 이성과 데이터의 시대일수록 인간은 더 깊은 감정적 연결을 갈망한다. 향기인문학은 이러한 시대적 요구에 응답하며, 감각의 회복을 통해 인간의 정신을 치유한다. 향기는 언어보다 오래되고, 논리보다 진실하며, 침묵 속에서도 관계를 이어주는 철학적 언어다. 향기인문학은 이 향기의 언어로 인간의 존재를 다시 서술한다. 그것은 과학과 예술, 철학과 감정이 함께 숨 쉬는 총체적 인문학이며, 인간을 '향기로운 존재'로 되돌리는 통합적 사유이다.

에필로그

향기로운 존재로의 귀환

세기를 뒤흔든 향기인문학은 인간의 감각을 되살리고 감정을 회복시키는 철학이다. 향기는 사라지면서도 남는 감각이며, 존재를 증명하는 가장 인간적인 언어이다.

향기를 통해 우리는 다시금 '살아 있음'을 느끼고, 그 삶의 온도를 되찾는다. 향기인문학이 제시하는 것은 결국 한 가지다. 인간이 향기로운 존재로 살아가는 법, 그것이야말로 인문학이 세기에 남길 가장 깊은 향이다.

속도의 시대,

인문학으로 삶을 다시 묻습니다

강의 현장의 통찰이

사유와 회복을 이끕니다

구경자 교수는 더라온교육연구소 소장, 한국지식문화원 이사, KCN뉴스 충북총괄본부장, 청소년 대안교육기관 대표로 활동하며, 인문학과 심리, 교육을 융합한 감성 기반 콘텐츠 기획자이자 실천형 인문학자로 자리하고 있다. 전국 대학, 공공기관, 평생교육기관, 문화예술단체 등에서 1,000회 이상의 강연과 프로젝트를 진행하며, 다양한 세대와 영역을 아우르는 융합형 인문교육 모델을 구축해왔다. 『치유가 필요한 그대에게』, 『꽃, 꿈 그리고 인생』 등 12권의 저서를 집필하였다.

장면을 철학으로, 감정을 언어로, 경험을 통찰로 전환시키는 '체험형 인문학'을 실천하며, 청중이 스스로의 이야기를 다시 써 내려가게 하는 치유적 에너지를 전한다. 그 결과, '듣는 시간'을 넘어 '나를 발견하는 여정'의 강의로 평가받는다. 삶을 깊이 성찰하고 감정의 결을 따뜻하게 어루만지는 '영화인문학 브랜드'의 선구자로서 오늘도 사람과 이야기를 연결하며, 인문학의 온도를 세상에 전하고 있다.

시네마 감성 인문학

스크린 속 인간의 사유와 감정 여행

구경자
cdo@kcbooks.org

「시네마 감성 인문학 스크린 속 인간의 사유와 감정 여행」 - 구경자

프롤로그

한 장면의 빛, 인간을 여는 인문학

영화는 인간의 감각과 사유가 교차하는 가장 현대적인 언어이다. 스크린 위에서 흘러가는 한 장면을 본다는 것은 눈으로만 이미지를 받아들이는 일이 아니다. 그것은 시간을 마시고, 타인의 심장을 건너, 다시 나의 내면으로 돌아오는 과정이다. 그 시간 속에서 빛과 그림자는 인간의 기억을 흔들고, 음악의 결과 침묵의 리듬은 말로 표현할 수 없는 감정의 결을 드러낸다. 영화는 재현의 기술만이 아니라 감각이 철학으로 변하는 순간, 즉 인간의 내면이 외부 세계와 만나는 통로이다. 스크린 속에서 일어나는 모든 움직임은 단순한 사건이 아니라, 감정의 구조를 시각적으로 드러내는 문법이다. 카메라의 시선은 의식의 방향을, 편집의 리듬은 사유의 속도를, 조명과 색감은 감정의 온도를 표현한다. 장면은 논리보다 먼저 분위기로 도착하고, 그 분위기는 다시 질문으로 변한다.

“나는 왜 이 장면에서 울컥했는가? 왜 이 침묵이 나를 불편하게 하는가?”

그 물음이 시작되는 순간, 감정은 사유의 언어가 된다. 우리는 흔히 영화를 오락이나 정보로만 소비한다. 그러나 영화는 인간과 세계, 개인과 사회, 감성과 이성의 경계를 넘나드는 총체적 예술이다. 한 편의 영화는 그 시대의 윤리와 불안, 한 사회의 욕망과 결핍, 그리고 한 인간의 고독과 회복을 동시에 담고 있다. 관객은 그 다층적 의미의 결을 따라가며 자신의 삶을 다시 해석하고, 장면을 통해 스스로를 다시 편집한다. 영화인문학은 바로 그 번역의 과정인 것이다. 삶을 새롭게 읽고, 다시 쓰는 행위의 학문적 실천이다. 영화의 한 장면은 시각적 기호의 집합만이 아니다. 그것은 인간의 경험, 감정, 기억이 응축된 의미의 결정체이다. 관객은 스크린을 바라보지만, 실은 자신의 내면을 되감고 있다. 장면을 본다는 것은 ‘감각적 체험’이자 ‘존재의 확인’이다. 그것은 과거의 기억을 불러오고, 현재의 나를 멈추게 하며, 미래의 나를 상상하게 만든다. 따라서 영화는 타인의 얼굴로 나를 보게 하고, 나의 시선으로 타인을 이해하게 한다. 영화는 인간 이해의 거울이며, 관계의 윤리와 감정의 지도를 동시에 품은 예술이다. 영화인문학은 스크린의 표면을 넘어서, 장면을 관객의 몸과 기억 속으로 불러들이는 느리고 단단한 사유의 기술이다.

인문학이 “인간이란 무엇인가”를 묻는다면, 영화는 그 질문에 감각으로 답한다. 빛과 어둠, 소리와 침묵, 움직임과 멈춤의 교차 속에서 인간은 자신의 존재를 다시 확인하고, 감정의 미세한 결을 따라 삶의 방향을 모색한다. 그렇기에 영화는 감상의 대상에만 머무는 것이 아니라 사유의 도구, 치유의 언어, 공존의 학교가 된다. 장면을 해석한다는 것은 곧 삶을 번역하는 일이며, 우리는 영화를 통해 타인의 고통을 이해하고, 자신의 상처를 인식하며, 세상을 다시 해석하는 눈을 얻는다. 영화는 인간의 기억과 감정, 윤리와 상상력이 교차하는 접점이다. 그것은 사유를 시각화한 시(詩)이며, 감정을 기록한 철학서이고, 인간의 불완전함을 품은 치유의 공간이다. 결국 영화인문학은 우리에게 묻는다. “당신은 지금 어떤 장면 속에 서 있는가?” 그 질문 앞에서 우리는 잠시 멈추고, 호흡을 고르며, 삶의 편집기를 다시 연다. 줄거리의 속도보다 의미의 농도로, 사건의 요약보다 감정의 여운으로. 영화인문학은 우리에게 가르친다. ‘한 장면의 여운 속에서 인간의 온도를 확인하는 공부’가 곧 삶을 이해하는 일임을. 그것은 머리로 이해하는 지식이 아니라, 몸으로 느끼는 철학이며, 스크린 위의 이야기가 끝나는 순간, 우리 안의 영화가 비로소 시작되는 이유다.

감정의 철학
스크린 속 나를 만나다

감정은 존재를 인식하는 첫 번째 언어이며, 영화는 그 언어를 가장 정확한 문법으로 구사하는 예술이다. 현상학의 관점에서 ‘본다’는 행위는 신체 전체로 세계를 겪는 체험이고, 스크린의 빛은 관객의 피부와 호흡, 심장박동에 다가와 감정의 리듬을 흔든다. 장면은 의미보다 먼저 분위기(무드)로 도착하고, 분위기는 다시 질문으로 변한다. "나는 왜 이 순간 울컥했는가, 왜 이 침묵이 나를 불편하게 하는가?" 이러한 질문이 시작될 때 감정은 해소가 아니라 사유가 된다. 감정의 철학은 절제를 미덕으로 삼지 않는다. 오히려 감정의 기능을 이해하고 적절한 때와 정도를 찾아 조율하는 중용의 지혜를 회복한다. 화면의 색과 온도, 음향의 질감, 컷 사이의 호흡을 느리게 읽어내면, 기쁨·슬픔·분노·연민 같은 기본 감정이 어떻게 서로를 보완하며 인간을 성장으로 이끄는지 보이기 시작한다. 영화인문학은 바로 이 감정 문해력을 길러 주는 공부다. 감정의 정확한 이름을 부르는 순간, 우리는 타인을 판단하던 자리에서 자신을 이해하는 자리로 옮겨 앉고, 이해는 곧 책임 있는 선택으로 이어진다. 스크린 속 타인의 눈빛을 통해 결국 나를 만나는 길, 그것이 감정의 철학이다.

관계의 미학

사랑, 가족, 그리고 연결의 인문학

관계는 인간이 자신을 인식하는 거울이며, 영화는 그 거울을 수십 가지 각도로 기울여 보여준다. 프레임의 거리감은 애정과 경계의 정도를, 대화의 리듬은 신뢰와 불안을, 구도의 비대칭은 권력의 흐름을 드러낸다. 우리는 장면을 분석하기보다 장면 속 몸짓과 여백, 말해지지 않은 침묵을 통해 관계의 결을 읽는다. 이때 영화는 사랑을 감정의 폭발로만 그리지 않는다. 사랑은 선택의 연속이며,

책임의 형태이고, 때로는 포기의 윤리다. 관계의 미학은 공감의 기술에서 출발해 경청의 윤리로 완성된다. 장면을 멈추고 등장인물의 시선을 따라가며, 각자의 욕구와 두려움을 언어화하고, 그 언어를 판단 없이 반영하는 훈련은 관객을 더 좋은 대화의 주체로 만든다. 가족과 우정, 동료와 지역사회로 확장되는 연결의 고리는 스크린 밖의 삶에서 곧장 실천으로 이어진다. 영화인문학은 "나의 감정"을 넘어 "우리의 관계"로 관심의 초점을 이동시키며, 사랑과 돌봄이 미학이자 사회적 상상력임을 일깨운다. 결국 관계의 미학은 질문으로 귀결된다. 나는 누구의 장면에 빚지고 있는가, 그리고 오늘 누구의 장면을 밝힐 것인가?

사회의 거울

영화로 읽는 시대와 인간

영화는 개인의 감정만이 아니라 시대의 무의식을 기록한다. 도시의 빛 공해, 공장의 소음, 광고의 속도, 주거의 밀도 같은 생활 환경은 장면의 질감으로 스며들어 사회적 조건을 시각화한다. 계층과 젠더, 노동과 돌봄, 생태와 기술이 교차하는 지점에서 영화는 '이상과 결핍'을 동시에 보여주며, 관객은 불편함과 매혹을 오가며 자신의 세계관을 수정한다. 이때 중요한 것은 '정답'이 아니라 감응의 정확도다. 무엇이 나를 불편하게 했는지, 그 불편이 개인 취향인지 구조적 문제인지 구분하는 감수성은 영화인문학의 핵심 역량이다. 사회철학의 언어로 옮기면, 영화는 자유·평등·정의·존엄이라는 추상 개념을 구체적 장면으로 번역하는 뛰어난 통역사다. 갈등의 기원과 해결의 방식, 연대의 규모와 속도를 시험하는 영화적 실험은 곧 우리의 시민성을 훈련하는 장이다. 작은 상영회와 지역 토론, 학교·도서관·기관의 시네포럼이 중요한 이유도 여기에 있다. 장면을 매개로 서로의 경험을 수평으로 연결할 때, 우리는 이념의 언어를 넘어서 삶의 언어로 사회를 말할 수 있다. 영화인문학은 그래서 기록이자 거울이며, 동시에 미래를 예비하는 공론장이다.

존재의 질문

나는 왜 사는가, 어떻게 살아야 하는가

모든 위대한 장면은 결국 한 가지 질문으로 향한다.

"나는 왜 사는가, 그리고 어떻게 살아야 하는가."

그 물음은 거창한 철학의 언어가 아니라, 아침 햇살에 멈춘 몇 초의 침묵, 지하철 손잡이를 잡은 손끝의 미세한 떨림, 낡은 노래가 우연히 흘러나올 때 스치는 감정의 파문 속에서 피어난다. 영화는 바로 그 찰나를 포착한다. 말 한마디 없이 흐르는 일상의 틈에서 우리 안의 존재를 조용히 불러낸다. 스크린 속 인물의 움직임은 타인의 이야기 같지만, 사실은 내 안의 미완의 기억과 감정을 깨운다. 그 장면을 보며 우리는 타인을 바라보지만, 결국 그 안에서 자신을 다시 발견한다. 영화인문학은 묻는다. "지금 나는 어디에 서 있고, 어디로 가고 있는가?"

그 질문 앞에서 우리는 멈추고, 삶의 리듬을 다시 고른다. 삶의 변화는 거대한 결심이 아니라,

지금 가능한 작은 행동에서 시작된다. 한 문장 적기, 오래 미룬 전화 한 통, 조용히 “미안하다”고 말하는 용기. 이 모든 것이 영화가 끝난 뒤, 우리 삶을 다시 편집하는 순간이다.

결국 영화는 속삭인다. 위대한 삶은 완벽한 이야기로 완성되는 것이 아니라, 수많은 작은 장면들이 서로를 껴안으며 익어 가는 과정 속에서 자란다고. 그리고 우리는 안다.

삶은 한 편의 영화이며, 우리는 매일, 여전히 ‘편집 중’인 존재임을.

치유의 영화관

감정 정화와 마음 돌봄의 예술

감정은 억압될 때 병이 되고, 표현될 때 예술이 된다. 영화관은 어둠 속에서 타인의 삶을 빌려 나의 상처를 안전하게 들여다보는 공간이며, 동일시와 거리두기가 교차하는 독특한 심리적 실험실이다. 우리는 스크린 위 인물에게 자신을 투사하면서도, 장면과 나 사이의 ‘한 뼘 거리’를 유지함으로써 파괴적 감정에 휩쓸리지 않고 그것을 언어로 바꿀 여지를 확보한다. 치유는 사건의 소거가 아니라 의미의 재구성이다. 영화인문학의 실천은 단순하다. 장면을 멈추고 감정의 이름을 붙이며, 그 감정이 요구하는 필요(Need)를 찾아 언어화하고, 그 필요를 지금 여기에서 충족 가능한 행동으로 번

역한다. 감정카드, 시네노트, 이미지 메타포 쓰기, 목소리 편지 같은 도구는 이 과정을 돕는다. 상담·코칭 현장에서는 장면 기반 대화를 통해 "사실-감정-요구-요청"의 순서를 지켜 말하는 훈련을 하게 하고, 교육 현장에서는 발표보다 경청과 요약반영을 우선하는 규칙으로 안전한 집단을 만든다. 영화는 이렇게 우리의 마음을 '정화'가 아니라 '정돈'하게 하며, 정돈된 마음은 더 오래, 더 깊게 타인을 품을 힘을 얻는다.

시네마 감성 여행

일상 속 영화, 나를 위로하는 시간

인문학은 멀리 있지 않다. 창틀에 스며드는 햇살, 버스 창문에 비친 내 얼굴, 퇴근길 골목의 냄새, 식탁 위 그릇의 그림자. 일상은 이미 수많은 영화적 장면으로 가득 차 있다. 시네마 감성 여행은 해외의 화려한 스크린에서 시작되지 않는다. 그 출발점은 언제나 나의 하루, 나의 감정, 나의 시선이다. 우리는 장면을 수집하고, 감정을 기록하며, 기억을 편집한다. 이 세 가지가 쌓이면 삶의 리듬은 자극의 속도에서 의미의 속도로 천천히 이동한다. 매 순간을 '기억 가능한 장면'으로 바라보기 시작하면, 지루했던 일상이 새롭게 빛나고, 지나치던 풍경이 이야기로 변한다. 영화의 주인공이 되어 세상을 바라보는 순간, 삶은 더 이상 반복이 아니라 발견의 시간이 된다.

실천 방법은 간명하다. 하루에 한 번, 30초짜리 장면을 촬영하거나 글로 적는다. 그때 다섯 가지 감각어 '보았다, 들었다, 맡았다, 만졌다, 느꼈다'를 덧붙이며, 그 장면이 나에게 던진 질문을 한 문장으로 남긴다. 주말에는 그 기록들을 모아 짧은 시네 에세이로 편집한다. 이 작은 의식은 나를 위로하는 동시에, 타인을 향한 공감의 감정 근력을 길러 준다. 커뮤니티에서는 '나의 장면, 너의 장면'을 서로 교환한다. 세대와 배경, 언어와 취향이 달라도 우리가 느끼는 감정의 결은 묘하게 닮아 있다. 그 공감의 순간이 바로 영화인문학이 지향하는 진짜 '여행지'다. 결국 시네마 감성 여행은 장소를 옮기는 일이 아니라, 세상을 대하는 시선을 바꾸는 일이다. 그 태도는 삶을 조금 더 조심스럽게, 그리고 한층 더 아름답게 만든다.

에필로그

스크린을 닫고, 삶의 카메라를 켜다

우리는 정보의 파도 속에서 매일을 산다. 수많은 이미지와 말, 데이터가 스쳐 지나가며 무엇이 '진짜 나의 감정'인지조차 구분하기 어려운 시대. 속도와 효율이 기준이 된 삶 속에서 우리는 점점 깊이 느끼는 능력을 잃어가고 있다. 그러나 영화는 그 잃어버린 감각을 다시 깨운다.

빛과 그림자, 소리와 침묵, 움직임과 멈춤이 교차하는 순간, 우리는 문득 '살아 있음'의 온도를 느낀다. 영화는 묻는다. "지금, 당신은 어떤 장면 속에 서 있나요?"

이 물음은 성찰만이 아니라, 존재를 다시 정렬시키는 의식이다. 삶은 거대한 편집의 연속이다. 하루의 시작은 오프닝 시퀀스로 열리고, 우리가 내뱉는 말과 침묵은 컷과 컷을 잇는 편집점이 된다. 사라지는 장면도 있고, 새로이 등장하는 장면도 있다. 그 사이의 짧은 여백 속에서 의미는 익어가고, 상처는 천천히 회복된다. 영화인문학은 우리에게 멈춤의 미학을 가르친다. 멈춤은 정지가 아니라 다시 보기 위한 준비이며, 되감기는 후퇴가 아니라 이해의 시작이다. 영화는 조용히 알려준다. 한 장면의 빛만으로도 인간의 이야기는 완성될 수 있다고.

스크린이 어둠 속으로 사라질 때, 관객의 얼굴에는 여전히 잔빛이 남는다. 그것은 스크린의 잔광이 아니라, 자신의 내면에서 피어난 감정의 불빛이다. 우리는 그 빛을 들고 영화관을 나서며 비로소 '삶의 카메라'를 켠다. 세상은 다시 프레임 속으로 들어오고, 길 위의 사람들, 저녁의 공기, 내 안의 생각들이 하나의 장면으로 이어진다. 삶은 스크린이 되고, 우리는 그 안에서 배우이자 감독으로 살아간다.

영화는 마지막으로 속삭인다. "감정으로 보고, 사유로 듣고, 관계로 말하라. 그리고 네 삶의 편집권을 스스로 지켜라." 그 다정하면서도 단호한 권유 속에서 영화인문학은 학문을 넘어 인간을 돌보는 기술, 즉 삶을 치유하는 예술로 완성된다. 스크린이 닫히는 순간, 진짜 영화가 시작된다. 그 영화의 감독은 바로 나 자신이다.

김모정 교수는 한국지식문화원 정보총괄이사이자 KCN뉴스 편집국장, 성산효대학원대학교 평생교육원 미디어 책임교수 등으로 활동하며, 글과 미디어를 통해 사람과 관계, 삶을 다시 생각하도록 안내한다. 글쓰기와 출판을 통해 개인의 이야기를 정리하고 스스로를 돌아볼 수 있는 시간을 제공하며, 청소년과 성인을 대상으로 글쓰기와 출판을 가르친다.
또한 청소년 기자단을 운영하며 젊은 세대가 스스로의 목소리를 발견하고 표현하도록 이끌고 있다. 디지털과 아날로그를 모두 경험한 세대로서, 현대인의 삶과 관계를 다시 돌아보는 작은 길잡이로 자리하길 바란다.

미디어 인문학
연결의 시대, 관계를 다시 묻다

김모정
cio@kcbooks.org

「미디어 인문학
연결의 시대, 관계를 다시 묻다」
- 김모정

프롤로그

'연결'이라는 이름의 굴레, 그리고 관계의 재정의

나는 아날로그와 디지털을 모두 경험한 세대다. 전화선이 끊기면 세상과 단절되던 시절을 지나, 이제는 인터넷이 잠시 끊겨도 불안을 느끼는 시대를 살고 있다.

최근 들어 스마트폰을 잠시 내려놓는 것조차 어려워졌다. 알림이 멈추기만 해도 세상과 단절된 듯한 불안이 밀려오고, 손안의 작은 화면은 언제나 빛나지만, 그 안에서 우리의 마음은 점점 더 지쳐간다. 메신저, SNS, 이메일, 각종 애플리케이션의 알림이 쉴 새 없이 울리면서 잠시라도 온전히 나만의 시간을 갖는 일은 거의 불가능해졌다. 편리함 속에서 우리는 점점 더 '고요'를 잃어가고 있다.

얼마 전 카카오톡이 사용자 인터페이스(UI)를 인스타그램처럼 피드형으로 바꾸면서 논란이 일었다. 친구들의 사진과 영상이 그리드 형태로 먼저 노출되면서, 일로 맺은 관계조차 사적인 공간으로 스며들어 원치 않는 개인 일상을 마주하게 된 것이다. 나는 다행스럽게도 업그레이드하지 않아 그 심각성을 체감하지 못했지만, 주변인들의 불평을 통해 카톡 접촉 자체를 꺼릴 정도로 불편함이 있음을 짐작할 수 있었다. 편리함이라는 이름으로 강요되는 연결 속에서 우리는 진정으로 원하지 않는 관계까지 감내해야만 한다는 사실을 깨닫게 된다.

알림을 꺼도 불안하고, 켜두면 더 피로하다. 나 역시 한때 알림을 무음으로 설정했지만, 얼마 지나지 않아 '혹시 중요한 연락을 놓치면 어쩌지?'하는 불안감에 다시 소리를 켰다. 그러다가 또다시 무음으로 해놓았다가 다시 소리를 켠다. 무한반복이다. 편리함이라는 이름의 굴레 속에서 우리는 조용히, 그러나 확실히 지쳐가고 있다.

이 글은 바로 그 지점에서 시작된다. 기술이 만들어낸 연결의 과잉 속에서 우리는 어떻게 인간적인 관계를 회복할 수 있을까. 편리함을 누리면서도 내 마음의 경계를 지켜낼 수 있을까. 무수한 연결 속에서 '나'와 '우리'의 의미를 놓치지 않고 진정한 관계를 다시 설계할 방법은 무엇일까. 그 질문이 바로 미디어 인문학이 다루어야 할 가장 '인간적인 질문'이다.

관계의 강제성

'친구 추가'로 시작되는 타인의 침입

버튼 하나로 친구가 되고, 한 번의 클릭으로 타인의 일상을 보게 된다. 처음에는 세상이 가까워진 듯하지만, 시간이 지날수록 이상한 피로가 쌓인다. 관계가 '선택'이 아니라 '의무'처럼 느껴지기 때문이다.

카카오톡 같은 메신저는 이제 단순한 소통 도구가 아니라 사회생활의 기본 인프라가 되었다. 그 안에서 우리는 원하든 원하지 않든 수많은 관계에 노출된다. 업무상 등록한 사람의 사적인 일상까지 보게 되고, 내가 드러내고 싶지 않은 부분이 자연스레 노출되기도 한다. 편리함의 이면에는 '항상 연결되어야 한다'라는 묵직한 강박이 자리한다.

진짜 관계는 자발적인 선택에서 비롯된다. 그러나 지금의 디지털 생태계는 그 선택의 여지를 점점 좁힌다. '자동 연결'의 세계 속에서 나의 경계는 희미해지고, 우리가 기술을 사용하는 것이 아니라 기술이 우리의 관계 방식을 결정하고 있는지도 모른다.

우리는 화면 속 친구 목록에 숫자를 세지만, 그 안에서 진정으로 마음을 나누는 사람은 얼마나 될까. 알림이 울릴 때마다 반응해야 한다는 압박 속에서, 우리는 자신도 모르게 타인의 시선에 예속된다. 원하지 않아도 이어져 있는 관계, 나도 모르게 동의하게 된 연결의 세계는 우리에게 피로와 불안을 동시에 안긴다.

그럼에도 회복의 길은 있다. 관계의 시작과 끝은 여전히 나의 선택이어야 한다. 불필요한 연결을 내려놓고, 진정으로 듣고 싶고, 마음을 나누고 싶은 사람에게 집중할 때 비로소 디지털 관계도 인간적인 온도를 갖게 된다. 기술이 우리의 삶을 편리하게 만드는 도구라는 사실을 기억하며, 그 틀 안에서 나의 경계와 자율성을 지켜내는 것이 현대인의 관계 회복에서 가장 중요한 출발점일 것이다.

또한, 디지털 공간에서의 관계는 감정 노동을 증가시키기도 한다. 타인의 피드, 메시지, 반응 하나하나가 나의 감정을 소모고, 무심코 던진 댓글 하나가 누군가에게 상처가 될까 두려워하며, 자신을 스스로 조심하게 된다. 이렇게 우리는 보이지 않는 긴장을 끌어안은 채 하루를 살아간다. 진짜 관계 회복은 이러한 무형의 부담에서 벗어나는 작은 용기에서 시작된다.

알림의 역설

연결의 소음 속에서 마음이 닳아간다

하루에도 수십 번 울리는 알림. 그 소리는 누군가가 나를 기억하고 있다는 신호 같지만, 결국은 내 마음을 지치게 만드는 소음이 된다. 단 한 순간의 진동에도 반응하게 만드는 이 작은 신호는 우리의 하루를 끊임없는 긴장 속에 가둔다.

알림이 울리지 않으면 불안하고, 계속 울리면 피곤하다. 이 모순된 상태가 바로 현대인의 일상이다. 우리는 연결되지 않으면 놓칠까 봐 두렵고, 연결되어 있으면 내 안의 평온을 잃는다. 놓침에 대한 공포(FOMO)는 우리로 하여금 끊임없이 화면을 확인하게 만들고, 그 반복 속에서 마음의 여백은 점점 사라져 간다.

그렇다면 진짜 소통은 어디에 있을까? 진짜 연결은 '즉각적인 반응'이 아니라 '의미 있는 응답'으로부터 시작된다. 누군가의 메시지에 바로 답하지 않아도, 그 사람을 진심으로 생각할 수 있다면 그게 바로 관계다. 속도가 아니라 깊이가 관계를 지탱한다.

더 나아가, 우리는 알림 속에서 잃어버린 자기 통제력을 회복할 필요가 있다. 알림을 잠시 무시하는 용기, 그리고 그 시간을 나 자신과 주변을 돌아보는 시간으로 만드는 것. 이것이 디지털 피로를 줄이는 동시에, 인간적인 관계를 회복하는 첫걸음이 될 수 있다.

연결의 허상

수백 개의 친구, 하나의 고독

SNS를 열면 수백 명의 친구가 있다. 하지만 정작 내 마음을 이해해 줄 사람은 몇이나 될까. '좋아요'는 쌓이지만, 진심 어린 공감은 줄어든다. 우리는 언제든 소통할 수 있는 시대에 살지만, 정작 대화의 깊이는 점점 얕아지고 있다.

수많은 사람과 연결되어 있다는 착각 속에서 우리는 오히려 더 큰 외로움에 갇힌다. '함께 있음'의 표면 아래에는 관심보다 경쟁, 공감보다 비교가 자리 잡는다. 관계의 숫자가 늘어날수록 마음의 거리는 멀어지고, 디지털 공간은 어느새 고립의 또 다른 형태가 된다.

진정한 공동체는 댓글과 피드백이 아니라 '함께하는 시간'에서 자란다. 스크린 너머의 빠른 반응보다, 한 사람의 목소리와 눈빛이 주는 온기가 훨씬 더 오래 마음에 남는다. 우리가 회복해야 할 것은 끝없는 연결이 아니라, 서로의 온도를 느낄 수 있는 관계다.

또한, 디지털 공동체가 주는 즉각적인 인정과 관심은 때로 '관계의 소비'로 이어진다. 관계를 통해 나를 증명하려 하고, 타인의 반응으로 존재감을 확인하려는 욕망이 쌓일수록 마음의 피로는 커진다. 우리는 연결 속에서 진정한 공동체보다, 편리하게 소비되는 관계에 길들여지고 있는지도 모른다.

익명성의 양면
자유와 책임 사이에서

익명은 우리의 말에 자유를 주었다. 현실에서는 쉽게 꺼내지 못한 생각을 드러내게 하고, 타인의 시선에서 잠시 벗어날 용기를 준다. 그러나 그 자유는 종종 '무책임'으로 변한다. 얼굴이 보이지 않으니 말은 거칠어지고, 이름이 지워지니 양심도 흐려진다.

익명성은 디지털 시대 양날의 검이다. 누군가에게는 진심을 말할 수 있는 피난처가 되지만, 또 다른 누군가에게는 공격의 무기가 된다. 댓글 속에서, 커뮤니티의 글 속에서 우리는 너무 쉽게 타인을 판단하고 상처 입힌다. 보이지 않는다는 이유로 책임이 사라지는 순간, 소통은 금세 폭력이 되고 만다.

그러나 익명성을 완전히 부정할 수는 없다. 그 안에는 여전히 표현의 자유와 다양성이 존재한다. 문제는 '익명성'이 아니라, 그 익명성을 어떻게 사용하는가에 있다. 보이지 않아도, 그곳에는 사람이 있다. 익명성의 진짜 힘은 '말할 용기'가 아니라 '듣는 책임'에 있다.

온라인 공간에서 우리는 이 책임감을 의식적으로 길러야 한다. 비판적 사고와 배려, 그리고 공감을 연습함으로써 익명성도 건강한 소통을 만드는 도구가 될 수 있다. 이는 단순한 도덕적 요구가 아니라, 디지털 공동체를 유지하고 인간적 관계를 회복하기 위한 필수 과정이다.

자아의 왜곡
'보여지는 나'에 갇힌 마음

SNS 속 나는 언제나 괜찮아 보인다. 밝은 순간만 남기고, 흔들림은 지운다. 피로한 얼굴 대신 웃는 사진을 올리고, 외로움 대신 행복한 문장을 택한다. 그러다 보면 나도 모르게 '보여지는 나'를 위해 살아가고 있음을 깨닫는다.

타인의 화려한 일상 속에서 나의 하루는 초라해지고, 그들의 웃음은 내 결핍을 더 선명히 비춘다. 끝없는 비교 속에서 자존감은 흔들리고, 인정받고 싶은 마음은 점점 더 커져만 간다. 그러나 그 욕망의 끝에는 공허함이 기다린다.

진짜 자아는 '좋아요'의 숫자가 아니라 있는 그대로의 나를 받아들이는 순간 피어난다. 부족함을 감추지 않고, 흔들림조차 나의 일부로 품을 때 비로소 우리는 스스로와 화해하게 된다. 진정한 관계는 타인과의 연결이 아니라 나 자신과의 신뢰에서 시작된다. 비교가 아닌 성장의 눈으로 자신을 바라볼 때, 세상과의 관계도 조금씩 건강해진다.

또한, 미디어 시대의 자아는 선택적 자기표현의 압력 속에서 끊임없이 분열한다. 우리는 보여주고 싶은 나와 실제 나 사이에서 갈등하며, 이 간극은 불안과 피로로 이어진다. 자기 자신을 인정하는 연습이 없으면, 디지털 관계는 언제나 비교와 경쟁 속에서 우리의 마음을 소모한다.

관계의 본질 탐색

기술을 넘어, 사람으로

이제 우리는 다시 질문해야 한다. 이토록 연결되어 있으면서도, 왜 우리는 이렇게 외로운가. 수많은 대화창이 열려 있지만, 정작 마음을 나눌 사람은 점점 줄어들고 있다.

관계의 회복은 기술의 문제가 아니라 '의식의 문제'다. 스마트폰을 내려놓고, 한 사람의 이야기를 온전히 들어주는 시간. 그 짧은 순간이야말로 우리가 다시 사람으로서 회복되는 자리다.

디지털 시대의 연결은 빠르고 넓지만, 그만큼 얕고 쉽게 끊어진다. '얼마나 많은 사람과 연결되어 있느냐'보다 '얼마나 깊이 있게 관계를 맺고 있느냐'가 더 중요하다. 하루의 일부 시간을 의식적으로 비워두고, 알림을 잠시 꺼두는 것만으로도 우리는 관계의 본질에 한 걸음 더 다가갈 수 있다.

미디어는 우리의 삶을 돕는 도구일 뿐, 우리의 관계를 대신 맺어줄 수 없다. 기술을 통해 관계를 설계하는 것이 아니라, 사람을 통해 관계를 만들어가야 한다. 댓글 하나, 메시지 하나에도 상대방을 향한 존중과 배려가 담길 때 비로소 미디어는 '소통의 공간'이 된다.

기술은 중립적이지 않다. 우리가 어떻게 사용하느냐에 따라 그 도구는 연결의 다리가 되기도 하고, 단절의 벽이 되기도 한다. 그래서 우리는 더더욱 주체적으로 선택해야 한다. 어떤 정보에 머무를지, 어떤 관계를 이어갈지, 그 판단의 주인은 언제나 '나'여야 한다.

결국 관계의 본질은 기술을 넘어 '사람'에게 있다. 화면 속 대화보다 눈을 맞춘 대화가, 이모티콘보다 따뜻한 목소리가 우리의 마음을 더 깊이 움직인다. 우리가 다시 사람으로서 연결될 때, 비로소 기술은 인간을 위한 도구가 된다.

에필로그

다시, 사람으로

우리는 편리함 속에서 조금씩 피로해졌고, 끊임없는 연결 속에서 점점 더 외로워졌다. 하지만 여전히 믿고 싶은 것이 있다. 사람은 결국 사람을 통해 회복된다는 사실이다.

기술은 우리를 빠르게 이어주었지만, 그 안에서 마음이 닿는 대화는 점점 줄어들었다. '소통'이라는 말은 넘쳐나지만, 정작 서로의 이야기를 듣는 시간은 사라졌다. 우리가 다시 회복해야 할 것은 새로운 기술이 아니라, 오래된 감정의 온도다.

미디어 인문학은 기술을 부정하지 않는다. 다만 그 안에서 '사람'을 잃지 않으려는 시도다.

"나는 누구이며, 타인과 어떻게 관계 맺을 것인가."

이 질문을 잊지 않고 붙잡는 일, 그것이야말로 지금 시대의 인문학이 해야 할 일이다. 미디어가 바꾼 것은 우리의 방식이지, 관계의 본질 그 자체는 아니다. 진정한 관계는 여전히 이해와 공감, 그리고 서로를 향한 배려 위에 놓여 있다.

우리는 이제 기술을 현명하게 다뤄야 한다. 편리함을 누리되, 그 안에 스스로를 잃지 않고, 연결을 즐기되, 그 속에서 고요히 자신을 지켜내야 한다. 그 작은 균형이 무너질 때, 관계는 언제나 피로로 변한다.

관계는 늘 우리 곁에 있었다. 다만 너무 많은 소음 속에 묻혀 그 소중함을 잊고 있었을 뿐이다. 이제 다시, 한 사람의 마음으로 돌아갈 시간이다. 미디어의 홍수 속에서도 서로의 눈을 바라보며 이야기를 나눌 수 있다면, 그것이야말로 우리가 지켜야 할 '인간의 자리'다.

김밀요 교수는 심리치료학박사이자 마음챙김상담소 소장으로 심리상담사 · 미술치료사로 인간의 내면 치유와 사회적 회복력 향상에 헌신하고 있다.

그녀는 자존감향상 교육 · 학교폭력예방 교육 · 진로지도 · 심리 안전 · 재난 안전 · 중독예방 분야에서 폭넓게 활동하며, KCN기자이자 인문학 컬럼리스트로서 인간 마음의 깊이를 연구하는 글을 꾸준히 써왔다. 또한 전 칼빈대학교 대학원 미래교육원 주임교수, 한국열린사이버대학 특임교수, 한국골든에이지포럼 이사, 경기대학교 서비스경영전문대학원 AMP 학술포럼 연구위원, 대한교수협회 정회원, 광주시 씨알여성회 운영위원으로 등으로 활약하며 교육과 연구, 현장을 아우르는 폭넓은 리더십을 발휘하고 있다. 서울특별시, 성남시, 대전시, 부천시, 안성시, 가평, 화성시, 하남시, 경주시, 등에서 다양한 주제로 강의와 상담를 진행했으며 특히 경기대에서 'K컬쳐를 통한 Mind Healing' 강의를 통해 한국의 감성과 문화 예술 속 마음 치유의 가치를 전파했다.

늘 인문학자적 호기심과 통합적 사유로 인간과 사회를 바라보는 김밀요 교수는, 삶의 현장에서 '마음의 안전'을 일구는 실천적 인문학자로 자리하고 있다.

두려움을 넘어 인문학이 안내하는 인간 회복의 길

김밀요
Luby2252@daum.net

「두려움을 넘어
인문학이 안내하는 인간 회복의 길」
- 김밀요

프롤로그

인간은 왜 두려움과 함께 살아가는가?

인간은 태어날 때부터 두려움을 안고 태어난다. 낯선 공기 속에서 울음을 터뜨리는 순간부터, 우리의 생존을 위한 본능적 불안을 체험한다. 원시인은 맹수를 두려워했고, 중세인은 신의 심판을, 현대인은 소외, 무의미를 두려워한다. 하지만 문명과 문화의 발전이 두려움을 완전히 제거하지는 못했다. 오히려 시대가 복잡해질수록 인간의 두려움은 더 미묘하고 더 정교하면서 내면적인 형태로 진화했다 - 관계의 단절, 실패의 불안, 죽음의 공포, 존재의 무의미.

인문학은 이 두려움을 단순히 '없애는 기술'이 아니라 '이해하고 통찰하는 지혜'로 다룬다, 철학은 두려움의 본질을 묻고, 문학은 그 감정을 서사로 녹이며, 예술은 그것을 표현의 형태로 승화시킨다. 두려움은 인간의 약점이 아니라, 사유를 자극하는 최초의 감정이다.

인문학은 두려움을 제거하는 기술이 아니라 그 의미를 탐구하는 사유의 언어이다. 철학은 두려움을 분석하고, 문학은 그것을 이야기로 치유하며, 예술은 감정의 언어로 승화시킨다. 두려움은 인간을 불완전하게 하지만, 그 불완전함이 인간을 사유하게 만든다.

아이작 뉴턴은 흑사병의 고통과 고독 속에서 만유인력의 법칙을 발견했고, 헤르만 헤세는 전쟁의 상처 속에서 분열된 자아의 빛을 찾아 인간의 영혼을 탐구했다. 존 내시는 광기의 경계에서 인간의 이성을 새롭게 보았고 스티브 잡스는 죽음의 불안을 통해 미학과 기술은 결합하고 혁신을 이루었으며, 오프라 윈프리는 상처의 경험을 인문학적 공감으로 세상과 소통했다.

두려움은 위대한 사유의 모태였다. 즉 그들의 이야기는 하나의 질문으로 귀결된다.

"두려움이 없었다면, 우리는 무엇을 깨닫지 못했을까?"

뉴턴의 사과

공포에서 발견으로

아이작 뉴턴((Isaac Newton)은 갈릴레이 갈릴레오가 세상을 떠난 해인 1642년 크리스마스에 태어났으나 태어나기 3달 전에 이미 아버지가 세상을 떠난 상태로 축복받은 탄생은 아니었다. 더군다나 병약하고 미숙아로 태어났다.

그렇게 어려운 환경 속에서 플라톤과 아리스토텔레스의 철학, 논리학, 윤리학, 역사학 등을 배우고, 틈틈이 유클리드의 기하학, 케플러의 3가지 법칙으로 제1법칙- 타원운동의 법칙과 케플러의 제2

법칙-면적 속도의 법칙, 케플러의 제3법칙-조화의 법칙과 굴절광학, 윌리스의 수학을 공부했다. 그는 고전 역학의 3가지 법칙인 제1법칙- 관성의 법칙, 제2법칙- 가속도의 법칙. 제3법칙- 작용과 반작용 등으로 근대 과학혁명의 완성자로 불린다. 특히 뉴턴의 노트인 '생각의 샘'에는 "플라톤은 나의 친구다. 아리스토텔레스는 나의 친구다. 그러나 진리야말로 누구보다 더 소중한 나의 친구이다"라는 뉴턴의 명언이 적혀있다.

1665년, 런던을 덮친 흑사병은 인류에게 공포의 재앙이었다. 도시의 문이 닫히고, 사람들은 서로를 피했다. 당시 케임브리지 대학의 젊은 학자 뉴턴 역시 고향 울즈소프로 돌아가야 했다. 외부 세계와 단절된 그 시기는 인류에게는 재앙이었지만, 뉴턴은 고독의 실험실이었다.

그의 고백에 따르면, 그 시절은 "가장 두려우면서도 가장 창조적인 시기"였다. 사람과의 접촉이 두려웠지만, 사유와의 접촉은 더 깊어졌다. 사과가 떨어지는 모습을 보고 '왜?'라는 질문을 던진 순간, 그는 단순한 물리 현상 속에서 우주의 질서를 발견했다. 이것이 인문학적 사유의 핵심이다. 두려움은 사유를 멈추게 하지 않는다. 오히려 인간은 불안을 통해 '의문'을 갖는다. 뉴턴은 어둠 속에서 별빛은 바라보듯, 고독 속에서 진리를 관찰했다.

그의 발견은 과학의 승리가 아니라, 인간 정신의 회복이었다. 인문학은 바로 그런 사유의 깊이를 잃지 않도록 하는 '내면의 중력'이다. 두려움이 중력을 가진다면 인문학은 그것을 견디게 하는 마음의 역학 법칙이다.

헤르만 헤세

내면의 어둠과 마주한 시인, 소설가

헤르만 헤세(Hermann Hesse)는 두려움과 분열의 시대를 살았다. 제1차와 제2차 세계대전이 일어나자, 그는 인간의 폭력성과 이성의 한계를 깊이 절감했다. 정신적 피로와 가족과의 불화, 반복되는 우울 속에서 그는 오히려 인간 내면의 심연을 문학으로 탐험했다.

「데미안」의 주인공 싱클레어는 '선과 악의 경계'에서 방황한다. 그는 내면의 악을 인정함으로써 진정한 성숙에 이른다. 헤세는 이 작품에서 이렇게 썼다.

"우리가 두려워하는 것은 우리가 아직 이해하지 못한 우리 자신이다."

그의 문장은 인문학적 통찰로 가득하다. 인간은 외부의 두려움보다 내면의 그림자를 없애려 하지 않는다. 그것을 이해하고 수용하게 함으로써, 오히려 인간은 자유롭게 한다.

「싯다르타」에서 주인공은 물가에 앉아 자신을 비추며 깨닫는다.

"나는 나 자신을 떠나려고 했다. 그러나 나는 나를 버릴 수 없다."

이 말은 인간이 두려움을 없앨 수는 없지만, 그것을 품을 수 있다는 인문학적 자각이다.

존 내시

광기와 천재의 경계에서

존 내시(John Forbes Nash Jr)의 인생은 천재성과 불안이 교차하는 파동의 선이었다. 그는 수학의 언어로 세상을 분석하려 했지만, 마음속에는 현실과 환각의 경계가 무너졌다. 편집증적 망상이 그를 세상에서 고립시켰지만, 그의 지성은 인간 사회의 본질을 꿰뚫었다.

그가 제시한 게임이론(Game Theory)은 단순한 모델이 아니었다. 그것은 인간이 '타인과의 관계' 속에서 느끼는 '두려움'을 설명하는 철학적 주조였다. '상호 이익의 균형'이라는 개념은, 결국 두려움을 조화로 이끄는 수학적 인문학이었다.

정신의 혼란 속에서 내시는 사유를 포기하지 않았다. 그는 "내 머릿속의 소음이 사라지지 않았지만, 그 안에서도 진리를 찾을 수 있었다."라고 말했다. 이 말은 곧 인간의 조건을 요약한다.

"완벽한 이성은 없지만, 불완전한 이성 속에도 진리가 있다."

내시의 삶은 인문학적 본질을 드러낸다 - 두려움 속에서도 사유하는 용기. 그의 삶은 우리에게 이렇게 속삭인다. "두려움을 분석하라. 그것은 당신이 세상을 이해하는 또 다른 공식이다."

스티브 잡스

불안 속의 창조적 완벽주의

스티브 잡스(Steve Paul Jobs)의 인생은 혁신의 연속이었지만, 그 이면에는 불안과 두려움이 항상 자리했다. 입양아로서의 정체성, 본인이 세운 회사에서의 해고, 췌장암 진단 - 그는 끊임없이 경계선 위에 서 있었다. 그러나 그는 두려움을 창조의 에너지로 바꾸었다.

그가 말한 유명한 연설이 있다.

"죽음을 기억하는 것은 내가 큰 결정을 내릴 때 가장 큰 도움이 되었다. 모든 것이 사라질 것을 안다면, 진정으로 중요한 일만 남게 된다."

그는 죽음을 인식함으로써 삶을 선택했다. 인문학이 말하는 '메멘토 모리(Memento Mori)'의 정신, 즉 죽음을 기억함으로써 삶을 깊이 이해하는 태도가 바로 잡스의 창조철학이었다.

그의 제품에는 기술을 넘어선 인문학적 감성이 녹아 있었다. 잡스가 한 말 중 가장 유명하고 철학적인 한 문장이 바로 "내가 소크라테스와 오후를 함께 보낼 수 있다면 내 모든 기술(애플)을 주겠다."라는 말이다. 이 말은 그가 단순한 '기술인'이 아니라, 지혜와 인간 내면에 대한 깊은 탐구자였음을 잘 보여 준다.

iPhone의 디자인은 단순한 기술이 아니라 미학이었다. 그는 "기술과 인문학의 교차점에서 혁신이 탄생한다."라고 말했다. 두려움과 불안이 그를 무너뜨린 것이 아니라, 오히려 인간적인 감성과 절제된 말이 미를 만들어낸 원동력이었다.

잡스의 삶을 우리에게 이렇게 말한다.

"두려움은 혁신의 불씨다. 그것을 피하지 말고 관찰하라."

오프라 윈프리

상처를 희망으로 바꾸는 언어의 힘

오프라 윈프리(Oprah Gail Winfrey)의 어린 시절, 인종차별과

빈곤, 성폭력의 경험 속에서 깊은 두려움을 겪었다. 그러나 그녀는 그 상처를 침묵으로 덮지 않았다. 오히려 '사람과의 소통'을 통해서 치유했다. 그녀의 프로그램은 단순한 예능이 아니라 인문학적 공감의 실험실이었다. 그녀는 이렇게 말했다.

"가장 어두운 경험조차도 당신의 가장 밝은 교사가 될 수 있다."

그녀의 토크쇼는 인간의 상처를 드러내고, 그것을 나누는 '집단적 치유의 공간'이었다. 인문학은 이처럼 '공감'을 통해 두려움을 공동의 힘으로 바꾼다. 언어는 단순한 표현이 아니라 두려움과 인간 사이의 가교다.

오프라가 만든 수많은 인터뷰와 대화의 장은 우리에게 묻는다.

"당신은 당신의 두려움을 말할 수 있는가?"

그녀는 대화와 소통의 힘을 통해 인간의 회복력을 보여주었다. 인문학의 가장 따뜻한 얼굴이 바로 이 '공감 언어'다

에필로그

두려움을 넘어 빛으로 - 그 길의 이름은 인문학

인류가 불을 발견하고, 별을 관찰하며, 자신을 성찰하기 시작한 순간부터 두려움은 늘 곁에 있었다. 그것은 단지 위험을 피하려는 생존의 본능이 아니라 "나는 누구인가?", "무엇을 위해 존재하는가?"라는 질문으로 우리를 이끌어온 내적 나침판이었다.

아이작 뉴턴은 고독 속에서 사과 하나의 낙하를 바라보며 우주의 법칙을 사유했듯, 헤르만 헤세는 분열된 자아의 목소리 속에서 《

데미안》과 《싯다르타》를 탄생시켰다. 존 내시는 광기의 미로를 통과하며 인간 이성의 본질을 증명했고, 스티브 잡스는 불안한 혁신의 파도 속에서 직관의 목소리를 들었다. 오프라 윈프리는 상처와 결핍의 그림자 속에서 마음을 치유하는 법을 배웠다.

이 다섯 사람의 여정은 두려움에서 출발해, 깨달음으로 향하는 인간의 내면 여행이었다. 그리고 그 길을 관통하는 하나의 공통된 언어가 있다. 바로 인문학과 명상, 그리고 마음챙김(Mindfulness)이다.

오프라 윈프리에게 명상은 단순한 습관이 아니라 삶을 정렬하는 의식이었다. 그녀는 매일 오전 9시와 오후 4시 30분, 아무리 바쁜 일정 중이라도 잠시 모든 것을 멈추고 자신만의 시간을 가졌다.

"나는 매일 명상하며, 내 중심으로 돌아간다. 세상이 소용돌이쳐도, 그 한 가지만은 잃지 않는다."

그녀에게 명상은 '성공의 도구'가 아니라 '존재의 회복'이었다. 삶의 중심을 잃지 않기 위해, 하루 두 번의 명상은 자신을 다시 세계와 조율하는 시간이었다. 그녀는 명상을 통해 자신의 마음을 관찰했고, 그 관찰은 자신을 이해하는 통로가 되었다.

오프라는 말한다. "명상은 내 인생에서 가장 중요한 일이다. 그 시간만큼은 나 자신을 위해 존재한다."

그녀가 찾은 인문학의 길은 바로 자기 자신을 바라보는 사유의 길, 즉 '마음챙김의 철학'이었다.

스티브 잡스는 27세의 젊은 나이에 명상을 시작했다. 그는 "마음을 고요히 들여다보면 불안의 파도가 잦아들고, 그 속에서 직관이 깨어난다"라고 말했다. 그에게 명상은 창조의 기술이자, 혼돈을 질서로 바꾸는 예술이었다. 불안은 언제나 잡스를 따라다녔다. 그는 완벽을 추구했고 미세한 결함에도 잠을 이루지 못했다. 그러나 명상을 통해 그는 '불안의 중심에 고요가 있다.'는 사실을 배웠다. 그는 그 고요 속에서 직관이 피어나는 것을 보았다. 그 직관이 바로 아이폰, 아이맥, 아이패드로 이어진 창조의 근원이었다.

"명상을 하면 몸과 마음이 이완되면서 머리가 시원해지고 어깨와 목이 가벼워진다. 그때 비로소 사물이 다르게 보인다."

잡스에게 명상은 단순한 휴식이 아니라, 새로운 사고의 문을 여는 인문학적 경험이었다. 그는 동양의 선(禪) 사상과 서양의 창조 정신을 연결하며, '깨어있는 마음이야말로 진정한 혁신의 시작'임을 몸소 보여주었다.

인문학은 인간의 마음을 탐구하는 오래된 지도이고, 명상은 그 지도를 따라 걷는 실천이다. 철학이 사유를, 문학이 상상을, 예술이 표현을, 심리학이 통찰을 담당한다면, 명상은 그 모든 것을 '현재'로 되돌리는 행위다. 우리가 두려움을 없애려고 할 때 두려움은 더 커진다. 하지만 그것을 바라보고, 인식하고, 수용할 때, 비로소 작아진다. 이것이 명상이 인문학과 맞닿는 지점이다. 명상은 두려움을 제거하지 않는다. 그저 두려움과 함께 존재할 수 있는 용기를 길러준다.

인문학의 사유는 그 용기를 언어로 기록한다. 명상의 고요함은 그 사유를 체험으로 전환한다. 그 둘이 만날 때, 인간은 생각하는 존재를 넘어 깨어있는 존재로 거듭난다.

존 내시는 광기 속에서도 인간의 이성을 포기하지 않았고 뉴턴은 고독 속에서도 우주의 조화를 찾아냈으며, 헤세는 분열 속에서 영혼의 통합을 노래했다. 잡스와 오프라는 명상을 통해 불안과 상처를 치유하며 '깨어있는 인간' 자신을 재창조했다.

그들의 공통점은 한 가지다. 두려움을 피하지 않았다는 것. 그들은 그것을 '적'이 아닌 '스승'으로 대했다. 두려움은 그들의 사유를 깊게 했고, 명상은 그 깊이를 평화로 이끌었다.

오늘날 우리는 수많은 불안과 속도의 사회 속에 살고 있다. 그러나 진정한 회복은 바깥이 아니라 자신의 중심으로 돌아가는 길에서 시작된다. 그 길을 안내하는 것이 바로 '인문학적 마음챙김'이다. 그것은 우리로 하여금 멈추고, 바라보고, 느끼며, 다시 일어서게 한다.

두려움은 결코 약함의 징표가 아니다. 그것은 우리가 여전히 '살아있음'을 증명하는 신호다. 명상과 인문학은 그 신호를 해석하는 두 개의 렌즈다. 한쪽은 사유로, 다른 한쪽은 체험으로 우리를 비춘다.

결국 두려움을 극복한다는 것은 두려움 속에서 자신의 인간다움을 발견하는 일이다. 그 길의 끝에는 언제나 한 줄의 문장이 우리를 기다린다.

"두려움을 넘어설 때 비로소 우리는 진정한 인간이 된다."

이것을 마음속에 새길 때, 우리 모두는 다시 한번 '본연의 나'로 돌아간다.

그 순간, 인문학은 더 이상 책 속의 학문이 아니라 삶을 회복시키는 숨결이 된다.

H&C평생교육원 부원장이자 성산효대학교 평생교육원 시니어모델인문학 책임교수로, 인간의 품격과 존재의 아름다움을 AI와 함께 연구하는 인문학 강사다.
시니어모델이라는 무대를 통해 '늙음'이 아닌 '익어감의 철학'을 제시하며, 몸을 하나의 언어로 삼아 인간의 존엄과 자존감 회복, 제2의 인생의 멋진 미학을 탐구할 수 있도록 평생교육의 길을 선도하고 있다.
(사)한국시니어스타협회 정회원, KCN뉴스 성북지국장, 한국지식문화원 이사, 디지털융합교육원 지도교수, 서울국제AI영화제 운영위원, 한국AI영상제작협회 이사, 한국AI리터러시강사협회 이사, 법무부 서울소년원 보호위원, 등 다양한 사회활동을 하고 있으며, AI 시대의 감성과 인문학의 융합을 선도하고 있다.
AI·영상·철학·예술이 결합된 통합적 인문학을 제시하며, 시니어 세대가 자기 삶을 '존재의 예술'로 완성할 수 있도록 돕고 있다.

2024 GUCY 골든그레이모델대회 금상,
2023 K-시니어뷰티콘테스트 블루미 수상,
영화 〈그 빛〉과 MBC 다큐프라임 출연 등
문화와 인문학의 경계를 넘나드는 활발한 활동을 이어가고 있다.
그녀는 『시니어모델 인문학 지금이 가장 아름다운 때』를 통해
나이 듦을 결핍이 아닌 완성의 시간, 늙음을 두려움이 아닌 품격의 예술로 해석하며
"삶을 예술로, 존재를 철학으로 바꾸는 한 사람의 인생, 노년의 아름다움"을 그려내고 있다.

시니어모델 인문학
지금이 가장 아름다운 때

김영윤
sunmee9@naver.com

「시니어모델 인문학 지금이 가장 아름다운 때」 –김영윤

프롤로그

지금이 가장 아름다운 때

“카메라를 보며 활짝 웃어라. 지금이 가장 아름다운 때다.”

이 문장은 내 인생의 또 다른 출발점이자, 시니어모델 인문학의 철학이다.

나이가 든다는 것은 사라짐이 아니라, 다시 ‘피어남’이다. 시니어모델은 단순히 패션을 표현하는 존재가 아니라, 삶의 주체로서 자신을 다시 무대 위로 초대하는 과정이다. 그들은 화려함이 아니라 존재의 가치를 꿈꾼다.

살면서 수많은 사람의 성장과 변화를 지켜보았다. 그러나 정작 나 자신은 언제부터인가 ‘누군가의 역할’ 페르소나에 갇혀 있었다. 그러던 어느 날 시니어모델이라는 세계가 나를 불렀다.

무대 위에서의 첫걸음은 단순한 워킹이 아니라 자존의 선언이었다. 조심스러운 발끝의 떨림 속에서도 내면의 빛이 외면으로 번져 나오는 순간, 나는 깨달았다.

"아름다움은 나이에 있지 않고, 태도에 있다."라는 것을

시니어모델의 워킹은 단순한 걸음이 아니라 삶의 궤적을 예술로 번역하는 몸의 언어다. 그들은 카메라 앞에서 자신의 시간을 마주하고, 세월 속에 잠든 감정을 다시 깨운다. 주름진 얼굴과 반짝이는 눈빛은 '지금도 나는 살아있다'는 삶의 증명이다.

인문학이 언어로 인생을 기록한다면, 시니어모델은 몸으로 자신의 존재를 구현하는 사람들이다. 무대 위를 걷는 행위는 단순한 동작이 아니라 존재의 증명이며, '아름다움'을 화장이나 패션이 아닌, '나'라는 존재의 진실을 드러내는 행위이다. 늙음은 쇠퇴가 아니라 숙성이고, 주름은 퇴색이 아니라 삶의 증거이다.

시니어모델 인문학은 이렇게 말한다.

"나이 듦은 끝이 아니라, 나로 다시 서는 새로운 시작이다."

무대 위에서 시니어는 더 이상 '누군가의 어머니'나 '누군가의 아버지'가 아니라, 한 인간, 한 철학자, 한 예술가로 선다. 그들의 미소는 세월의 상처를 품은 꽃이며, 그의 걸음은 인생 전체를 품은 시(詩)다. 시간을 예술로 바꾸고 인간의 의지를 보여주는 학문이다.

존재의 미학

'나'의 복원에서 '우리'의 회복으로

인문학은 언제나 "나는 누구인가"라는 질문으로부터 시작된다. 시니어모델들은 이 물음은 머리가 아니라 몸을 통해 드러난다. 한

때 타인의 시선에 갇혀 있던 몸이 다시 주체로 설 때, 비로소 인간은 자신을 나타낸다.

무대 위를 걷는 순간, 그들의 걸음은 단순한 이동이 아니라 존재를 다시 세우는 행위다.

걷는다는 것은 움직임이 아니라 자기인식의 방식이다. 그 걸음 위에서 우리는 나의 존엄(dignity)을 재발견하고, 그 순간 인간은 잃었던 중심을 되찾는다. 무대 위의 걸음은 나는 여전히 존재한다는 표현이며, 살아 있음의 증거이다.

시니어모델에 대한 사회적 관심은 단순한 유행이 아니다. 인간의 가장 깊은 욕구, 자기실현에 대한 본능적 열망을 반영한다. 매슬로의 욕구 5단계를 시니어의 삶에 대입해 보면, 많은 이들이 여전히 안정과 소속의 단계에 머물러 있다. 하지만 인생2막에서 진정으로 필요한 것은 '자기실현' 정신적 완성에 더 다가가는 것이다. 바로 그 자아실현을 몸으로 체화하도록 동기부여하는 것이 인문학의 의미인 것이다.

무대 위의 조명이 얼굴을 비출 때, 남이 만들어준 인생의 역할을 벗고 온전히 '나로 존재하는 자유'를 경험한다. 그때, 인간은 비로소 자신의 존엄을 되찾는다. 워킹은 화려함을 위한 움직임이 아니라 자신의 생을 인정하고, 그 생을 세상 앞에 내보이는 철학적 실천이다.

한 개인의 당당한 워킹은 타인에게 용기가 되고, 한 사람의 미소는 또 다른 세대에게

"인간으로 산다는 것의 품격"을 가르친다. 나를 넘어 우리를 회

복하는 존재. 아름다움은 단순히 외형의 조화를 의미하지 않는다. 그것은 존재의 회복, 즉 "나는 여전히 의미 있는 존재다"라는 조용하지만 강렬한 선언이다. 서로의 삶을 응원하며 노년의 아름다움을 인문학적 품격으로 완성한다.

"존엄은 남이 주는 것이 아니라, 내가 나에게 되돌려주는 것이다."

인문학으로 읽는 아름다움

외면을 넘어 내면으로

"아름다움이란 무엇인가?"

고대 그리스의 아고라에서부터 현대의 무대까지 이어져 온, 인문학의 영원한 주제다.

플라톤은 아름다움을 선(善)의 그림자로, 칸트는 무관심적 쾌(快)로 정의했지만, 시니어모델의 아름다움은 그 어느 철학의 개념에도 완전히 속하지 않는다. 그것은 세월을 받아들이는 태도의 미학, 즉 삶을 존중하는 품격의 형태다. 현대 사회는 여전히 외모 중심의 미(美)에 머물러 있다. 미학은 외모가 아니라 '나 자신을 가꾸는 자세의 철학'에 있다.

그 자세는 세월을 부정하지 않고, 삶의 흔적을 존중하며, 그 주름 속에서 시간의 향기를 읽어내는 미학이다. 아름다움은 주름은 세월의 결을 품은 내면의 품격이다.

그 품격은 꾸밈에서 오지 않고, 자기 수용에서 비롯된다. 자신의 얼굴과 몸을 거울삼아 세월을 사랑하고 표현하는 방법이다.

나이 듦을 미화하지 않고, 그 안에 깃든 '살아 있음의 진실'을 드러낸다. 카메라 앞에 모습은 단순히 웃는 것이 아니다. 자신의 인생을 표정으로 기록한다. 그 미소에는 기쁨과 슬픔, 성취와 상처, 그리고 용서와 감사가 함께 깃들어 있다. 수많은 세월의 감정이 발효되어 빚어진 인간의 향기다.

'어떻게 살아왔는가', '무엇이 나를 빛나게 했는가'라는 삶의 철학적 질문, 얼굴에는 젊음이 아닌 경험이 있다. 미를 '보이는 그 빛보다 더 깊은 곳에서 빛나는 것은 내면의 정직함이다.

'보여지는 것'만으로 정의하지 않고, 삶의 주름을 감추지 않고 자신을 받아들이는 용기에서 비롯된다. 세월을 견딘 사람만이 가질 수 있는 '침묵의 품격'이다.

시니어모델 워킹, 철학의 첫 발걸음

워킹은 단순한 걷기가 아니다. '한걸음에 어깨가 펴지고, 두 걸음에 당당해지는 나.'

시니어 모델의 워킹은 단순한 걷기가 아니다. 그것은 흩어진 자신을 바로 세우고 '나'를 다시 발견하는 '철학의 첫 발걸음'이다. 내면의 자신감과 자존감을 회복하는 '시니어모델 인문학'의 가장 기본적인 철학이다. 무대 위를 걷지만, 동시에 자신의 삶을 걷는다. 자세는 정신의 상태를 비추는 거울이며, 몸이 바로 서야 마음도 곧게 선다.

인문학이 ‘나를 아는 학문’이라면, 시니어모델 인문학은 ‘몸으로 표현하는 학문’이다. 몸을 바로 세운다는 것은 곧 자신을 세운다는 뜻이며, 그 순간 몸은 기억의 저장소이자 정신 소통의 통로가 된다. 무대 위의 침묵 속에서 그는 말없이 걷지만, 그 걸음 하나하나가 인생의 철학을 읊조린다. 그때 비로소 우리는 깨닫는다.

“몸이 곧 철학이 되는 순간, 인문학은 살아 숨 쉰다.

시니어와 디지털 시대
SNS 속의 나

“여러분은 지금까지 어떤 삶을 살아오셨습니까?”

중장년 세대들의 삶은 나를 드러내고 표현하기보다, 타인의 시선과 체면치레에 맞춰 살아왔다. 누구의 엄마', '누구의 아내'로 불리거나, '김 부장'이라는 직함이 곧 나 자신인 듯, 이름 석 자보다는 주어진 역할에 충실해야 했다. 하지만 오늘날 시니어는 디지털 세계 속에서도 새로운 자아를 발견한다.

SNS는 단순한 홍보의 수단이 아니라, 존재의 일기장이다. 카메라 앞에서 미소 짓는 사진 한 장, 짧은 영상 하나가 자존감과 존재를 세상에 증명한다. “나도 이런 삶을 살고 있어. 즐길 줄도 알아. 예전의 내가 아니야.”를 표현한다. ‘영상의 시대’가 만들어낸 감각의 인문학이다.

노년의 자기표현은 더 이상 사치가 아니다. 오히려 그것은 세대 간 소통이자, 자존의 회복이다. 카메라를 통해 '보여지는 나'와 '진짜 나'. 나의 존재를 다시 세상과 연결시키는 언어가 되고, 진정한 디지털 인문학의 확장이다.

"디지털은 나를 가두는 스크린이 아니라, 나를 다시 빛나게 하는 무대다."

시니어모델 인문학은 이 무대를 통해 '영상 속의 나', '이미지 속 자신'을 표현한다.

그 웃음 하나, 걸음 하나가 시대의 감각을 넘어 인간의 품격을 되살리는 예술이 된다.

아름다움의 기준, 다시 쓰기

아름다움의 기준은 시대마다 바뀌지만, 진정한 아름다움은 언제나 진심과 용기에서 비롯된다.

시니어모델은 젊음을 대신하는 존재가 아니라, 삶의 경험이 만들어낸 성숙의 미학이다.

무대 위에서 우리는 서로의 시간을 존중하소, 서로의 주름 속에서 인간의 이야기를 읽고, 그 이야기 속에서 삶의 품격을 발견한다.

시간의 철학, 익어감의 미학, 젊음이 반짝임이라면, 노년은 그 빛이 마음속으로 스며든 상태다. 시니어모델은 그 깊어진 빛으로 세상을 비춘다. 그의 얼굴에는 세월의 흔적이, 그의 걸음에는 기다림의 미학이 깃들어 있다.

철학자 마르셀은 “인간은 시간 속에서 자신을 숙성시킨다”고 했다. 시니어모델의 아름다움은 바로 그 숙성의 증거다. 그는 자신을 꾸미기보다 자신을 받아들임으로써 완성된다. 수용의 태도, 바로 그것이 품격이다.

늙음은 결핍이 아니라 충만의 예술이다. 그의 발끝마다 쌓인 세월의 무게는 나를 더 단단하고 고요하게 만든다. 미소에는 생의 윤기가 흐르고, 자세에는 시간의 겸손이 깃든다.

“늙음은 멈춤이 아니라, 익어감이다.
삶의 온도는 시간이 식히는 것이 아니라, 숙성시키는 것이다.”

에필로그

시니어모델 인문학, 시간의 존재론

시니어모델 인문학은 '늙음(aging)'의 현상을 다루는 것이 아니라, '익어감(ripening)'의 과정을 탐구하는 시간의 존재론(ontology)입니다. 젊음이 순간에 타오르는 '불꽃'이라면, 노년은 공간을 채우는 '향기'입니다. 불꽃은 소멸하지만, 향기는 스며들어 지속됩니다.

아리스토텔레스가 모든 인간 활동의 궁극적 목적을 최고선(最高善)의 실현으로 집약시켰듯, 시니어모델 인문학이 관통하는 하나의 원리(原理) 역시 시간과의 화해입니다. 이는 곧 스토아 철학의 아모르 파티(Amor Fati, 운명애), 즉 자신의 생을 긍정하고 지나온 시간을 온전히 사랑하는 태도와 깊이 맞닿아 있습니다.

노년의 아름다움과 액션은 젊음의 반사광이 아닌, 세월의 발효(fermentation)가 빚은 고유한 품격입니다. 이 품격은 화려하지 않으나, 삶을 수용한 자만이 지닌 내면의 온도를 지녔습니다. 무대위 시니어의 걸음은 그의 걸음은 삶의 연륜이 묻어나는 몸짓이며, 그 미소는 시간과 화해한 자의 내적 증거입니다. 그가 걷는 순간, '늙음'은 소멸하고 '익어감'이라는 철학이 새로 태어납니다.

시니어모델 인문학은 "당신을 빛나게 하는 것은 무엇인가?"를 묻고, 그 답이 타인의 규정이 아닌 각자가 살아온 시간의 온도 속에 있음을 깨우치게 해줍니다. 속도의 세계에서 '머무름의 품격'을 배우고, 마침내 삶을 예술로, 존재를 철학으로 승화시키는 제2의 인생을 시작하시기 바랍니다.

“아름다움은 젊음의 특권이 아니라, 시간을 사랑할 줄 아는 인간의 태도에서 비롯된다.”

*"Art is the lie that enables us
to realize the truth."*

Pablo Picasso

김오순 교수는 자연과 인간, 정원과 감정, 예술과 교육을 잇는 융합적 사고를 통해 '삶의 재설계(Life Redesign)'를 제시하는 인문학 강사이여, 정원과 인문학, ESG, 생태치유, 평생교육을 융합하여 시민·시니어·청년, 등 모두가 "자연과 함께 숨 쉬는 삶의 철학"을 배우도록 돕고 있다. 단순한 이론 강의가 아니라 직접 흙을 만지고, 꽃과 식물을 심고 가꾸며, 정원을 디자인하는 '현장에서 피어나는 인문학'을 강의하고 있다.

주요 경력으로는 컬러인마인드교육 색색가든 대표이며, 성산효대학원대학교 평생교육원 책임교수, KCN뉴스아산지국장, ESG환경기자단장, 천안도시농업협의회장을 역임하고 있으며, 아산시환경교육실무협의체이며, ESG융합교육지도사, 시니어교육지도사, 플라워심리지도사 자격 과정을 운영하고 있다,

주요 강의처로는 행정안전부 국가민방위재난안전교육원, 백석대학교, 백석문화대학교 평생교육원, 성산효대학교대학원 평생교육원. 사단법인 천안YWCA, 충청남도평생교육진흥원, 천안시건강가정지원센터, 충남어린이인성학습원, 천안시농업기술센터, 등에서 다수의 강연을 진행하고 있다,

정원 인문학
자연과 마음이 피어나는 공간

김오순
os47700@daum.net

「정원 인문학
자연과 마음이 피어나는 공간」
- 김오순

프롤로그

정원에서 철학이 피어나다

나의 고향은 담양이다. 그곳에는 우리나라 정원을 대표하는 소쇄원(瀟灑園)이 있다.

대나무 숲길에 들어서는 순간, 세상은 고요의 빛으로 바뀐다. 바람은 잎사귀 사이를 지나며 은은한 선율을 만들고, 햇살은 대나무 사이로 흘러들어 바닥에 비단 같은 그림자를 드리운다. 숲을 따라 걷다 보면, 맑은 물길이 돌 사이로 반짝이며 흘러가고, 작은 폭포가 햇빛을 머금은 채 하얗게 부서진다.

그 모습을 바라보고 있노라면, 마음속의 먼지들이 하나둘 씻겨 내려간다. 정자에 앉아 눈을 감으면, 바람의 손길이 뺨을 스치고 대숲 너머에서 새소리가 들린다.

모든 것이 조화를 이루며 하나의 시(詩)가 되고, 나는 그 속에서 '나'라는 존재를 다시 발견한다.

정원은 단순히 꽃이 피고 지는 곳이 아니다. 그곳은 바람이 이야기를 쓰고, 나무가 시간을 새기며, 인간이 자신을 발견하는 공간이다. 삶이 복잡할수록 사람은 흙으로 돌아간다. 흙은 인간의 근원이자, 마음의 거울이기 때문이다.

정원은 철학의 시작점이다. 서양에서는 정원을 통해 인간의 이성과 질서를 세웠고, 중국에서는 자연과 사유의 조화를 이루었으며, 일본에서는 고요한 명상의 미학을 완성하였다. 그리고 한국에서는 정원을 통해 자연과 마음이 하나 되는 '조화의 철학'을 피워왔다.

정원은 이제 인간이 자연을 지배하던 시대를 넘어, 자연과 공존하며 살아가는 인류의 새로운 사유 공간으로 진화하고 있다. 그 속에는 꽃보다 깊은 인문학, 흙보다 따뜻한 감성이 숨 쉬고 있다. 정원은 단지 식물의 공간이 아니라, 인간의 마음이 자라나는 또 하나의 우주이다.

정원은 치유의 공간이다

정원은 단순한 감상의 대상이 아니다. 그곳은 인간의 내면이 자연의 리듬과 다시 호흡하며, 삶의 상처를 천천히 회복하는 치유의 공간이다.

흙을 만지고, 바람을 느끼며, 인간은 생명과의 연결감을 회복한다. 바람, 꽃, 물소리 같은 비언어적 요소들은 마음의 언어가 되어, 상처받은 감정을 위로하고 내면의 평화를 되찾게 한다.

정원은 노동의 장소가 아니라 존재의 장소이다. 나와 타인, 인간과 자연, 과거와 현재를 잇는 관계의 회복의 장이며, 병을 고치는 곳이 아니라 마음이 다시 살아나는 곳이다.

정원은 생명과 감정이 다시 연결되는 인문학적 회복의 힘이며, 자연 속에서 인간이 자신을 다시 발견하는 공간이다.

세계의 정원은 그 나라의 마음을 비춘다

정원은 결코 독립된 예술이 아니다. 그 나라의 건축양식, 기후, 철학, 생활습관이 얽혀 탄생한 문화의 집합체이다. 정원을 들여다보면, 그 나라 사람들의 사유와 삶의 태도를 읽을 수 있다.

서양의 정원은 건축과 권력의 확장이다. 베르사유 정원은 절대왕정의 궁전 건축과 함께 발전하였다. 건조한 기후 속에서 직선의 축선과 대칭의 질서로 자연을 통제하였고, 정원은 인간의 이성이 자연을 지배한 흔적이었다. 그것은 '질서'와 '통제'를 미학으로 승화시킨, 인간 중심의 상징이었다.

중국의 정원은 철학과 자연의 공존이다. 쑤저우의 롱위안과 졸정원은 도가(道家)의 무위자연 철학을 품고 있다. 정원은 건축과 분리되지 않으며, 회랑과 창, 연못과 돌산이 자연스럽게 이어진다. 인간이 자연을 다스리는 공간이 아니라, 자연 속에서 자신을 비우는 공간이다. 중국의 정원은 사유의 풍경이자 철학이 머무는 장소이다.

일본의 정원은 명상과 시간의 건축이다. 습한 기후 속에서 돌, 모래, 이끼로 구성된 건조식 정원이 발전하였고, 교토의 료안지는 불완전함 속에서 완전함을 발견하는 명상의 공간이다. 문을 열면 정원이 이어지고, 인간은 그 안에서 사색과 수행을 통해 내면을 마주한다. 일본의 정원은 절제된 고요의 미학이다.

한국의 정원은 자연과 사람의 숨결이 공존하는 공간이다. 사계절의 변화를 품은 지형 속에서, 정원은 자연을 거스르지 않고 순응하며 지어진다. 담양의 소쇄원과 창덕궁 후원은 자연을 꾸미지 않고 있는 그대로 받아들인다. 정원은 인간이 자연 속에 머물며 사색하고 대화하는 공간이다. 한국의 정원은 자연을 꾸미지 않는다. 다만 자연과 함께 숨 쉰다.

결국 정원은 그 나라의 철학을 품는다.
서양의 정원은 인간의 질서를,
중국의 정원은 사유의 깊이를,
일본의 정원은 시간의 고요를,
한국의 정원은 정(情)의 온기를 담고 있다.

K-드라마 속 정원은 감정의 무대다

정원은 K-드라마 속에서 인간의 관계와 감정이 흐르는 상징적 무대이다. 그곳에서 사람들은 사랑하고, 이별하며, 깨닫고, 다시 태어난다. 정원은 단순한 배경이 아니라, 감정이 피어나는 심리적 무대이자 서사의 전환점으로 등장한다. 나무의 그림자, 바람의 결, 그리고 꽃의 피고 짐은 인간 내면의 변화와 닮아 있다.

『미스터 션샤인』의 정원은 사랑과 신념이 교차하는 공간이다. 고애신이 꽃을 가꾸는 장면은 억압된 시대 속에서도 스스로의 운명을 경작하는 여성의 자존감을 상징한다. 그 정원은 불가능한 꿈의 무대이자 자유의 상징이었으며, 사랑은 단순한 감정이 아닌, 시대를 초월한 존엄의 언어로 피어난다.

『리틀 포레스트』의 밭은 치유의 철학을 보여준다. 혜원이 흙을 만지는 순간, 삶은 생산이 아니라 존재의 행위가 된다. 정원은 세상을 바꾸지 않지만, 그 안에서 인간은 세상을 다르게 살아간다. 계절의 순환은 인간의 성장과 회복의 은유이다 — "겨울의 침묵은 봄의 약속이다."

『사랑의 불시착』의 정원은 경계와 화해의 상징이다. 북한의 작은 텃밭은 서로 다른 세계에서 온 두 사람이 마음을 나누는 통로였다. 정원은 이념을 넘어선 인간적 공감의 공간이며, 꽃을 심는 일상 속에서 국경을 넘어서는 사랑의 가능성을 보여준다.

『이상한 변호사 우영우』의 정원은 사유와 자각의 공간이다. 우영우가 바라보는 공원의 나무들은 그녀의 내면과 대화하는 존재이다. 정원은 사회의 소음에서 벗어나 생각을 정리하고, 타인의 고통을 이해하게 하는 감정의 완충지대이다.

드라마 속 정원은 단순한 미장센이 아니다. 정원은 사랑이 피어나고, 관계가 회복되며, 자아가 성장하는 감정의 토양이다. 그곳에서 인간은 자신과 마주하고, 세상을 새롭게 이해하게 된다.

디지털·AI 정원의 시대

AI는 새로운 정원사이다. 빛과 소리, 향기와 기후를 조율하는 미디어 정원은 도시의 힐링 인프라로 확산되고 있다. K-정원은 '조화의 철학공원'에서 '스마트 문화 생태계'로 진화하고 있다. AI 정원음악, 메타버스 정원 체험, 디지털 가든 디자인 등은 인간의 감성을 회복시키는 새로운 예술의 형태이다. 기술은 감성을 대체하지 않는다. 오히려 인간의 감정을 더 섬세하게 비추는 디지털 생태예술이 된다.

K-정원의 미래, 자연과 공존의 철학

K-정원의 본질은 자연을 다스리지 않고 함께 숨 쉬는 철학이다. 이 철학은 ESG, 탄소중립, 생태도시 등 인류의 보편적 가치와 맞닿아 있다. "서양은 자연을 조각했지만, 한국은 자연을 포용했다." 소쇄원과 창덕궁 후원은 세계가 공감할 수 있는 '조화의 철학공원'으로 빛난다. K-정원은 기술이 아닌 태도, 디자인이 아닌 관계의 철학이다.

에필로그

마음의 정원을 가꾸는 사람으로 산다는 것

정원을 걷다 보면, 꽃보다 먼저 눈에 들어오는 것은 '흙'이다. 모든 생명은 흙에서 나고 흙으로 돌아간다. 정원은 이 순환의 진리를 가장 아름답게 보여주는 철학의 교과서이다.

지렁이는 말없이 땅을 일구고, 개미는 협력으로 생명을 이어간다. 씨앗은 어둠 속에서 묵묵히 자라며, 잡초는 그 어떤 땅에서도 삶을 포기하지 않는다.

정원의 불청객인 해충까지, 그 모든 존재는 우리에게 말한다. "진정한 아름다움은 꾸밈이 아니라, 살아 있음이다."

정원을 가꾸는 일은 곧 마음을 가꾸는 일이다. 꽃을 심는 일은 희망을 심는 일이고, 잡초를 뽑는 일은 마음의 번뇌를 덜어내는 일이다. 물뿌리개를 드는 손끝에는 사랑이, 기다림 속에는 철학이 피어난다.

K-정원의 정신은 자연을 포용하고 함께 숨 쉬는 철학이다. 그것은 한국이 세계에 내놓을 수 있는 가장 따뜻한 문화 언어이다. 정원을 통해 우리는 서로 다른 언어를 넘어, 감정과 생명을 나눈다.

당신 마음속에도 한 송이의 꽃이 피어나길 바란다. 그 꽃은 이름 없는 풀처럼 작을 수도 있고, 한 그루 나무처럼 깊을 수도 있다. 그러나 분명한 것은 — 그 꽃이 당신 안에서 자라날 때, 삶은 다시 아름다워진다는 것이다.

"정원은 밖에 있는 공간이 아니다.
그것은 내 안에서 피어나는 마음의 풍경이다."

"Culture is the widening of the mind and of the spirit."

Jawaharlal Nehru

박미숙 교수는 암을 극복한 개인적 치유 경험을 바탕으로, 인간의 몸과 마음, 관계의 조화를 회복하는 K-웰니스 철학을 실천하고 있는 웰니스건강코치이다.
그녀는 이혈 테라피, 패치요법 등 다양한 치유기법을 개발하며, 신체적·정신적·사회적 웰빙을 통합하는 한국형 웰니스 교육의 방향을 제시하고 있다.
박 교수의 교육은 지식이 아닌 경험을 통한 치유, 기술이 아닌 공감으로 이어지는 실천을 중시한다. 그녀는 자신의 삶을 통해 웰니스의 가치를 증명하며, 타인의 변화와 성장에 영감을 주는 존재로서 활동하고 있다.
현재 K-웰니스지도사 양성교육과 다양한 치유 프로그램을 운영하며, “사람이 다시 사람답게, 삶이 다시 향기로워지는 세상”을 위해 헌신하고 있다.

K-웰니스지도사 양성의 꿈

존재의 회복을 향한 감성적 인문 실천

박미숙
bobo0115@naver.com

「K-웰니스지도사 양성의 꿈
존재의 회복을 향한 감성적 인문 실천」
- 박미숙

프롤로그

웰니스, 존재의 질서를 회복하는 철학

인간의 역사는 단순한 생존의 연속이 아니라, 존재의 의미를 찾아가는 끝없는 여정이었다. 그러나 현대 문명은 그 여정의 방향을 잃었다. 속도와 효율이 미덕이 된 사회에서 인간의 내면은 점점 메말라가고, 마음의 안식처는 사라져버렸다. 몸은 피로를 외면한 채 작동하지만, 정신은 갈피를 잃고, 감정은 무뎌졌다. 기술의 진보는 인간을 연결하는 듯 보이지만, 실상은 관계의 온도를 낮추고, 마음의 거리를 넓히고 있다.

이러한 시대에 '웰니스(Wellness)'는 단순한 건강 담론이 아니다. 그것은 삶의 본질을 다시 묻는 존재 철학적 사유의 전환점이며, 인간이 잃어버린 내면의 질서를 회복하려는 인문학적 실천의 선언이다. 웰니스는 신체, 정신, 감정, 사회, 영적 차원이 유기적으로 조화를 이루는 상태이며, 인간이 자연과 세계, 그리고 자기 자신 안에서 다시 균형을 회복하는 총체적 경험이다.

'K-웰니스'는 이러한 사유를 한국적 정서와 문화의 결로 풀어내려는 시도이다. 한의학의 생명관, 예(禮)와 정(情)의 공동체 미학, 그리고 현대 과학의 합리성이 융합된 한국형 치유철학이다. 그 중심에는 'K-웰니스지도사'가 있다. 그들은 단순히 건강을 관리하는 기술자가 아니라, 인간의 몸과 마음, 관계와 문화를 치유하는 감성적 인문 리더다. 그들은 지식을 전달하기보다 통찰을 나누고, 기술을 행하기보다 마음의 결을 어루만진다.

K-웰니스의 철학적 근원

조화의 미학과 존재의 윤리

K-웰니스의 철학적 뿌리는 동서양의 사유가 교차하는 지점에 있다. 동양은 인간을 자연의 일부로 보았다. 산과 강, 바람과 별, 생명과 죽음이 하나의 순환으로 이어지는 세계 속에서 인간의 건강은 곧 자연의 질서였다. 음양오행의 원리는 단지 의학적 논리가 아니라 삶의 리듬과 조화의 미학이었다. 서양의 웰니스 운동은 자아의 돌봄(self-care)과 의식적 삶(awareness)을 강조하며, 물질문명의 과잉 속에서 인간의 내면적 통일성을 회복하려 했다.

K-웰니스는 이 두 세계를 연결하는 다리다. 한국적 심성 속에 내재된 '정(情)'의 문화와 공동체적 감성이 서구의 자율적 개인성과 결합될 때, 우리는 '함께 건강한 인간'이라는 새로운 존재상을 만난다. 그것은 병의 부재가 아니라 삶 전체의 조화로움, 즉 관계·감정·몸의 균형이 깃든 상태이다.

예를 들어, 한옥에서 진행되는 명상 프로그램은 단순한 신체 이완을 넘어선다. 그곳의 바람소리, 나무의 결, 빛의 흐름은 인간을 자연과 이어주는 언어가 된다. 전통 건축이 품은 공간의 호흡 속에서 참여자는 자신을 둘러싼 세계와 다시 조율하며, "존재의 리듬"을 되찾는다. 바로 이것이 K-웰니스가 추구하는 '조화의 체험'이다.

K-웰니스지도사의 정체성

감성, 인문, 실천의 통합자

K-웰니스지도사는 몸의 전문가이자 마음의 예술가, 그리고 삶의 철학자이다. 그들의 핵심 자질은 감성적 공감력, 인문학적 사유력, 실천적 리더십 세 가지로 설명된다.

첫째, 감성적 공감력은 타인의 감정을 이해하는 능력을 넘어, 그 감정의 결을 함께 호흡하며 변화로 이끄는 내면의 에너지다. 공감은 단순한 감정이입이 아니라, 타인의 고통을 '존재의 언어'로 해석하는 예술적 행위이다. 향기, 색, 소리, 터치 등 이 모든 감각적 언어를 통해 지도사는 인간의 내면에 다가간다.

둘째, 인문학적 사유력은 웰니스를 단순한 건강기술이 아닌 존재론적 선택으로 이해하는 힘이다. 철학, 문학, 예술, 사회학의 사유를 통해 지도사는 인간의 생명과 감정, 관계를 하나의 유기체로 바라본다.

예를 들어, 한 K-웰니스지도사는 우울증을 겪는 내담자에게 『홍길동전』의 인물 고뇌를 함께 탐색하며 자신 안의 억눌린 욕망과 사회적 모순을 성찰하게 한다. 문학은 그렇게 치유의 거울이 된다.

셋째, 실천적 리더십은 자신의 삶을 통해 웰니스의 가치를 증명하는 능력이다. 웰니스는 말로 가르칠 수 없으며, 삶으로 보여주는 철학이다. 지도사는 일상의 식습관, 호흡, 대화, 관계 속에서 자신이 가르치는 원리를 실천하며, 타인에게는 '함께 변화하는 여정'을 제시한다. 감성·인문·실천이 삼위일체를 이룰 때, 지도사는 단순한 교육자가 아니라 존재의 안내자, 즉 '삶의 인문학자'로 자리한다.

K-웰니스교육의 지향

경험의 인문학으로서의 치유

K-웰니스교육은 지식의 축적이 아니라 감각의 회복, 논리의 교육이 아니라 존재의 깨달음이다. 이 교육의 첫 단계는 몸의 회복이다. 이혈테라피, 명상, 호흡, 자연요법 등은 단순한 기술이 아니라 자기 몸을 경청하는 과정이다. 몸은 인간 존재의 가장 정직한 언어이며, 웰니스는 그 언어를 해독하는 예술이다.

두 번째는 마음의 성찰이다. 향기, 음악, 예술, 자연의 감각은 인간 내면의 깊은 정서를 흔들어 깨운다. 차를 따르는 손끝의 떨림, 향의 여운, 바람에 흔들리는 소리들은 모두 마음의 문을 여는 열쇠가 된다. 전통 다도 명상은 오감을 열어 마음을 비우고, 내면의 고요를 회복하는 하나의 인문적 예식이다.

마지막 단계는 관계의 회복이다. K-웰니스교육은 '나의 건강'이 아니라 '우리의 건강'을 지향한다. 마을 단위의 프로그램에서 주민들이 함께 김장을 담그거나 전통 놀이를 하며 웃음을 나누는 순간, 건강은 개인의 문제가 아니라 공동체의 문화로 확장된다. 웰니스는 결국 관계의 철학이며, 인간이 '함께 존재함'으로 완성된다.

K-웰니스지도사의 사회적 역할

문화적 치유자

K-웰니스지도사는 단순한 직업군이 아니라 사회적 감성 인프라를 구축하는 문화적 치유자이다.

그들은 예방 중심의 건강관리자로서, 병 이전의 불균형을 감지하고 삶의 패턴을 조율한다. 동시에 감정치유자이자 관계 조정자로서 현대인의 불안, 외로움, 정서적 고립을 다룬다. 향기, 대화, 명상, 예술을 매개로 인간의 감정 구조를 재조율하며, 사회적 공감력을 회복시킨다.

특히 K-웰니스지도사는 K-컬처의 감성 자산을 활용한 문화 리더로서 새로운 형태의 치유 문화를 창조한다. 예를 들어, K-POP 댄스 테라피, 사물놀이 리듬명상, 한복 명상걷기 등은 신체와 감정을 동시에 열어주는 '문화 웰니스'의 실천이다. 청소년들은 리듬 속에서 자신을 해방시키고, 공동체의 에너지를 체험하며 건강한 자아를 확립한다. 이처럼 K-웰니스의 실천은 개인의 회복을 넘어 사회 전체의 정서적 면역력을 강화하는 인문운동으로 확장된다.

K-웰니스의 미래

철학이 된 교육, 문화가 된 치유

K-웰니스의 궁극적 목표는 교육을 통해 철학을 세우고, 철학을 통해 문화를 형성하는 일이다.

교육은 지식을 전달하는 행위가 아니라, 인간 존재를 새롭게 정의하는 창조적 실천이다. 따라서 K-웰니스는 단순한 교육 프로그램이 아니라 인간과 사회를 함께 치유하는 문화적 운동이다.

이를 위해 세 가지 방향이 제시된다.

첫째, 융합적 교육체계의 정립 - 과학과 인문, 전통과 현대의 통합을 통해 총체적 인간 교육을 실현한다.

둘째, 감성적 디지털 웰니스 - 기술이 감정을 대체하지 않고 확장하는 생태계를 만든다. AI와 메타버스 시대의 웰니스는 '비인간적 효율'이 아니라 '감성적 연결'을 추구해야 한다.

셋째, 국제적 연대와 협력 - K-웰니스의 철학을 세계 치유 담론과 연결하여, 인류 보편의 '존재 회복' 운동으로 확장시킨다.

결국 이 모든 노력의 중심에는 하나의 목적이 있다.

바로 인간의 품격 회복, 그것이 K-웰니스의 궁극적 지향점이다.

에필로그

K-웰니스의 꿈, 인간 존재에 대한 선언

K-웰니스지도사 양성의 꿈은 단순히 새로운 직업군을 만드는 일이 아니다. 그것은 인간 존재에 대한 선언이다. 인간이 스스로의 생

명령을 자각하고, 타인과 세계를 향해 다시 온기를 회복하는 여정, 그 여정의 길목에서 K-웰니스지도사는 불빛을 든 안내자가 된다.

몸의 균형이 무너진 시대에 웰니스는 생명윤리의 철학이고, 감정이 메말라버린 사회에서 웰니스는 인간의 품위를 회복시키는 미학이다. 웰니스는 더 이상 선택이 아니라, 인간이 인간답게 존재하기 위한 문화적 필수조건이다.

그 길 위에서 K-웰니스지도사는 삶의 스승이자 시대의 치유자이다. 그들의 손끝에서 피어나는 작은 변화가, 결국 이 시대의 영혼을 다시 따뜻하게 밝혀줄 것이다. 그리고 그 빛은, 인간이 '다시 존재로 돌아오는 길'을 인도하는 감성의 철학, 인문의 실천, 치유의 문화로 남을 것이다.

"He who has a why to live
can bear almost any how."

Friedrich Nietzsche

양승현 작가는 카이스트에듀 대표이자 고려대학교 교육 최고경영자과정을 수료하였고, (사)서울교육경영자협회 기획부회장, (사)한국사교육연구협의회 대외협력위원, KCN뉴스 기자로서 다양한 활동을 하고 있으며, 20여년간 교육현장에서 많은 학부모와 학생들을 만나며 교육의 가치와 본질에 대한 연구를 하고 있고, 소설 “인생의 조각”을 공저하였으며, 현재 숭실대학교 경영대학원 교육경영학과에서 “사교육 분야에서의 협력적 거버넌스 연구”논문을 준비중이다.

장인의 손끝과 만난 한국교육 그리고 인문학

양승현
shpentadi@naver.com

「장인의 손끝과 만난 한국교육 그리고 인문학」
– 양승현

프롤로그

장인정신과 한국교육 그리고 인문학

'장인'이라는 말은 이제 더 이상 낡은 작업복과 익숙한 냄새 속에만 머무는 단어가 아니다. 그것은 한 시대의 '일'과 '삶'을 관통하는 철학이자, 인간이 무엇으로 완성되는가에 대한 가장 오래된 질문 중 하나다. 장인은 단순히 손재주가 뛰어난 기술자가 아니다. 그는 기술을 다루는 손끝에 정신을 불어넣고, 노동의 리듬 속에서 인간의 품격을 새긴다. 그에게 일(Work)은 단순히 생계를 위한 수단이 아니라, 자신을 닦고 세계를 이해하는 수련의 과정이다. 장인은 자신의 손으로 세상을 이해하고, 그 과정을 통해 자신을 빚는다.

세계적 사회학자 리처드 세넷(Richard Sennett)은 『장인(The Craftsman)』에서 이렇게 말한다. "장인은 잘하려는 욕망(good work)을 삶의 원동력으로 삼는 사람이다." 장인은 결과보다 과정을 중시하며, 그 과정속에서 '만드는 일은 곧 생각의 과정'이 되도록한다. 손과 머리, 그리고 마음이 하나로 연결되는 순간, 노동은 기술을 넘어 '인간적 사유'가 된다. 장인은 완벽함이 아닌 '정성'을 향해 나아가며, 그 세심함 속에서 세계를 정직하게 마주한다.

이처럼 장인의 세계는 언제나 철학적이다. 아무리 작은 공예품이라도 그 안에는 인간과 세계의 관계, 자연과 재료에 대한 이해, 그리고 '삶으로서의 일'을 하려는 윤리적 결단이 들어 있다. 장인은 사물을 통해 세계를 해석하고, 반복과 몰입을 통해 자기 자신을 길러낸다. '일의 품격'은 결국 '인간의 품격'에서 비롯된다는 사실을 장인은 몸으로 증명한다.

이런 면에서 인문학은 장인의 정신과 교육의 본질을 연결하는 다리가 된다. 인문학은 '어떻게 살아야 하는가?'에 대한 인간의 존재 이유를 묻고, 끝없는 성찰을 이어간다. 기술이 '무엇을 할 수 있는가?'를 탐구한다면, 인문학은 '왜 해야 하는가?'를 탐구한다. 그사이에 교육은 '어떻게 해야 하는가?'라는 질문으로 실천의 방법을 모색한다. 세 영역은 각기 다른 길을 걷는 듯 보이지만, 결국 하나의 교차점에서 만난다. 바로 '인간을 온전히 성장시키는 일'이라는 목표다.

오늘날 한국의 교육은 이러한 근본적 질문 앞에 다시 서 있다. 급격한 기술 변화와 사회적 불확실성 속에서, 우리는 여전히 '어떻게 더 잘 가르칠 것인가?'에만 매달려 있다. 그러나 정작 중요한 것은 '어떤 인간을 길러내려 하는가?'이다. 경쟁 중심의 주입식 교육은 이미 한계에 다다랐고, 학생들은 지식의 양으로는 포만감을 느끼지만, 배움의 의미와 가치에 있어서는 갈수록 허기를 느낀다.

지금의 교육이 필요로 하는 것은 '새로운 기술'이 아니라, 다시 인간으로 돌아가는 감각이다.

'장인정신을 품은 교육', 즉 인문학적 사유를 내재한 교육이 그것이다. 그런 교육은 '속도'보다 '깊이'를, '효율'보다 '의미'를, '성공'보다 '성숙'을 추구한다. 장인처럼 배우고, 장인처럼 가르치며, 장인처럼 살아가는 법을 배우는 것이다. 교실은 더 이상 시험을 위한 공간이 아니라, 배움의 공방이 되어야 한다. 교육자는 지식의 전달자가 아니라 '삶의 스승'으로 거듭나야 한다.

결국 우리가 찾아야 할 것은 기술을 넘어서는 태도, 지식이 내포된 성찰, 속도를 능가하는 깊이다. 그것이 바로, 장인정신과 교육, 그리고 인문학이 만나는 자리이자 '배움의 인간학'이 시작되는 지점이다.

장인정신의 본질
기술을 넘어 삶의 철학으로

장인정신은 결국 '일을 대하는 태도'에 대한 철학이다. 장인은 손끝으로 세상을 이해하고, 그 과정을 통해 자신을 단련한다. 장인에게 완벽함은 목표가 아니라 과정이다. 오늘보다 나은 내일을 향한 끊임없는 반복, 그 속의 몰입이 곧 장인의 존재 방식이다.

일본의 미학 '와비사비(wabi-sabi)'는 불완전함 속에서 아름다움을 찾는다. 장인의 길도 그렇다. 장인은 흠결을 지우려 하기보다, 그 안에서 의미를 찾고자 고민한다. 세상이 빠를수록 장인은 느리게 하지만 지속적인 힘에 섬세함을 넣어 반응한다. 한국의 전통 장인들도 오래전부터 느림의 미학과 섬세함을 추구했다. 도공은 흙의 숨결을 읽고, 악기 장인은 나무의 결을 들었다. 그들의 손은 물건을 만드는 손이 아니라, 시간을 빚는 손이었다. 기술은 곧 인내였고, 완성은 곧 기다림이었다. 그들이 남긴 것은 물건이 아니라 태도였다. 장인은 손으로 세계와 대화하며, 그 속에서 인간다움을 배운다. 그래서 장인의 작업장은 하나의 철학관이며, 인문학의 현장이다.

이 부분에서 교육은 장인의 철학과 닮아 있다. 교육은 지식을 전달하는 일이 아니라, 인간을 길러내는 과정이다. 좋은 교육자는 장인처럼 학생의 결을 읽고, 그 결을 따라 빚는다. 흙을 세게 누르면 금이 가듯, 학생도 억지로 밀면 깨진다. 그래서 교육자는 손끝의 감각으로 학생의 속도를 존중해야 한다. 장인정신은 "어떻게 잘 만들 것인가?"보다 "어떻게 바르게 살아갈 것인가?"를 묻는다. 교육 또한 그 질문 앞에서 겸허해진다. 가르친다는 것은 완벽한 인간을 만드는 일이 아니라, 불완전함 속에서도 스스로의 의미와 가치를 찾아가도록 돕는 일이다.

한국 교육의 현재
지식의 과잉, 성찰의 결핍

한국의 교육은 오랫동안 '성취'와 '경쟁'을 중심에 두어왔다. 그 결과는 찬란하다. 세계 최고 수준의 학업 성취도, 정교한 사교육

시스템, 학부모들의 열정 넘치는 교육열. 하지만 그 눈부신 풍경 뒤에는 묘한 공허가 있다. 지식이 높은 학생은 늘었지만, 왜 배워야 하는지를 아는 학생은 여전히 드물다. 교육학자 김영식은 "한국 교육은 지식을 쌓는 데는 성공했지만, 그 지식을 삶의 지혜로 바꾸는 데는 실패했다"고 말했다. 이는 결과보다 과정에 가치를 두는 장인의 길과 정반대다.

오늘의 한국교육은 여전히 점수라는 좌표 위에서 달리고 있다. 학생은 배우는 주체가 아니라 평가의 대상이 되고, 교실은 숨 쉬는 공간이 아니라 경쟁의 트랙이 된다. 장인이 흙의 결을 살피듯 학생의 개성을 찾기보다, 우리는 모두 같은 '정답의 틀'에 맞추려 애쓴다. 그 속에서 배움의 기쁨은 사라지고, '해야 한다'는 의무만 남는다. 이제 교육은 잠시 멈춰 서서 물어야 한다.

"우리는 무엇을 가르치고 있으며, 왜 그것을 가르치는가?" 이 단순하지만, 근본적인 질문이 바로 교육을 되살리는 첫걸음이다.

그 답은 장인의 철학에서 찾을 수 있다. 장인은 손으로 일하지만, 그 손끝에는 사유가 깃들어 있다. 그의 반복과 실패 속에는 성찰이 있고, 그 성찰이 기술의 깊이를 만든다. 교육도 그러해야 한다. 단순한 지식 전달이 아니라, 삶을 빚는 과정이어야 한다. 좋은 교육은 학생에게 모든 답을 주지 않는다. 대신 스스로 묻고, 고민하고, 다시 생각하게 만든다. 장인이 흙과 불을 이해하듯, 학생도 자신과 세계를 이해하는 법을 배워야 한다. 이제 교실 안에서만의 교육은 삶으로 확장되어야 한다. 서로의 다름을 인정하고, 각자의 속도를 존중하며, '가르침'이 아닌 '함께 자라남'을 지향하는 것.

바로 그것이 장인정신의 교육적 실천이다. 지식은 많을수록 편리하지만, 성찰은 많을수록 인간을 깊게 만든다. 우리의 교육이 '더 많이 아는 사회'에서 '더 깊이 이해하는 사회'로 나아갈 때, 비로소 장인의 손끝처럼 따뜻한 배움이 시작될 것이다.

장인정신과 한국교육에 대한 인문학적 접근

인간 이해를 통한 창조의 힘

인문학은 인간을 이해하는 학문이자, 세상을 새롭게 해석하는 다양함의 상징이다. 장인은 기술을 다루는 동시에 세계를 해석하는 사람이다. 이들이 기술을 넘어 예술가로 서는 이유는, 손의 움직임에 앞서 마음의 통찰이 있기 때문이다. 이러한 인문학적 감수성이 교육에 스며들면, 학생은 단순한 지식 소비자가 아니라 사유하는 장인으로 자란다. 역사, 철학, 문학, 예술이 어우러진 통합교육은 학생이 자신과 사회의 관계를 성찰하도록 돕는다. 협력과 존중, 공감 속에서 배우는 교육, 그 속에서 창조는 인간적인 것이 된다. 결국 인문학은 기술을 인간화하고, 교육을 의미화하는 정신의 토양이다.

장인정신과 한국교육

진정한 배움의 의미

장인정신과 한국 교육은 서로 다른 길을 걸어온 듯 보이지만, 그 중심에는 헌신, 노력, 인내, 소통이라는 공통의 정신이 흐른다.

노력은 장인의 손끝에서 기술을 예술로 만들고, 교육의 현장에서 배움을 삶으로 확장시킨다. 인내는 느린 완성의 시간을 견디는 힘이며, 진정한 배움이 언젠가 달콤한 열매를 얻을 것이라는 믿음의 이름이다. 그리고 소통은 장인과 재료, 교사와 학생, 인간과 세계가 서로를 깨우는 대화의 통로다. 이렇게 장인정신과 교육은 과정을 통해 인간의 내면을 다듬고, 결과를 넘어 삶의 의미를 빚어내는 하나의 길로 이어진다. 결국 진정한 배움이란, 인간이 자신을 완성해 가는 가장 깊은 인내와 헌신의 예술이다.

융합의 실천
장인정신을 품은 교육의 재구성

통합형 커리큘럼의 도입

미래의 교육은 더 이상 기술과 인문학을 나누지 않는다. 과학과 예술, 철학이 만나야 비로소 세계를 총체적으로 이해할 수 있다. 예컨대, 건축을 배우는 학생이 역사와 미학을 함께 배운다면 그 건축물은 단순한 구조물이 아니라 문화의 언어가 된다. STEAM 교육(Science, Technology, Engineering, Art, Mathematics)은 바로 장인정신의 현대적 구현이다.

프로젝트 기반 학습의 강화

장인은 '손으로 배우고, 몸으로 익힌다.' 교육도 마찬가지다. 프로젝트 기반 학습(PBL)은 학생이 실제 문제를 해결하며 지식을 체화하도록 돕는다. 이는 존 듀이(John Dewey)가 말한 "삶 그 자체로서의 교육"의 실천이자, 장인정신의 현대적 변주다. 학생은 직접 실천해보며 사유 체계를 세우고, 타인과 협력하며 '사회적 장인'으로 성장한다. 결국 배움의 본질은 지식의 결과가 아니라, 사유의 과정에 있다.

전통의 재해석과 현대의 창조

한국의 도자기 장인들은 고려청자와 조선백자를 현대적으로 재해석하며, 과거를 오늘의 언어로 번역한다. 이는 단순한 복원이 아니라, 정신의 확장이다. 패션 디자이너 이영희는 한복의 선과 색을 현대 패션에 녹여 "의복은 한 시대의 정신을 입는 행위"라 했다. 전통은 이렇게 '과거의 박제'가 아니라 '현재의 살아있는 대화'로 이어진다. 또한 성광호 보일러 장인은 이렇게 말했다. "적극적으로 공부하고, 긍정적으로 공부하고, 또 밤이 새도록 공부하고…" 김영희 편물 장인은 덧붙인다. "무조건 많이 해봐야 감도 생기고 숙달이 된다." 그들의 말은 단순한 노력이 아니라 삶의 태도를 말한다. 끊임없는 반복과 실행, 그리고 몸과 마음을 지키는 지혜,

이것이야말로 오늘날의 교육이 배워야 할 장인의 언어다.

미래지향적 비전
인문학적 장인을 키우는 한국교육

다가오는 시대는 기술보다 인간의 통찰을 요구한다. AI와 자동화의 세상에서 진정한 경쟁력은 기계가 모방할 수 없는 인간의 창의적 사고력과 공감 능력이다. 장인정신은 이제 단순한 기술 윤리가 아니라, 인간다운 일과 의미 있는 배움, 공동체적 책임을 연결하는 철학이 되어야 한다. 한국교육은 인문학적 가치와 장인정신의 결합을 통해 새로운 도약을 준비해야 한다. 학생이 스스로의 일에 몰입하고, 그 안에서 사회와 인간을 성찰할 수 있을 때, 교육은 단순한 제도가 아닌 삶의 길이 된다. 교육의 목표는 완성된 인간이 아니라, 끊임없이 사유하며 성장하는 인간, 즉 배움의 장인(Learning Craftsman)을 길러내는 것이다.

인간을 빚는 손,
교육으로 새기는 정신

장인정신은 손끝의 기술이 아니라 마음의 태도이며, 인문학은 그 마음을 비추는 거울이다.

한국교육이 장인정신을 품을 때, 지식은 생명을 얻고, 교육은 품격을 세운다. "잘하는 것"보다 "의미 있게 하는 것." "결과를 내는 것"보다 "가치를 창조하는 것." 이것이 장인정신이 교육에 던지는 본질적 메시지다.

결국 교육은 인간을 빚는 손이자, 정신을 새기는 과정이다. 미래의 교육은 지식의 시대를 넘어 성찰의 시대, 그리고 인문학적 장인의 시대로 나아가야 한다.

에필로그

손에서 마음으로, 교육의 미래를 빚다

흙을 빚는 도공의 손끝은 단순히 그릇을 만드는 것이 아니다. 그는 흙의 온도를 느끼고, 시간의 결을 만지며, 그 안에 자신의 마음을 새긴다. 교육 또한 그러해야 한다. 지식을 주입하는 손이 아니라, 가능성을 빚는 손. 결과를 평가하는 시선이 아니라, 성장을 지켜보는 마음. 이 두 가지가 만날 때 비로소 '배움'은 생명이 된다.

우리가 말하는 장인정신은 어떤 화려한 이념이나 구호가 아니다. 그것은 조용하지만 단단한 삶의 태도, "잘하려는 마음"을 포기하지 않는 끈기이며, 자신의 일을 통해 세상과 대화하려는 인간의 본능이다. 교육도 이와 다르지 않다. 교육자의 한마디, 학생의 한 번의 시도, 실패 속의 깨달음 그 모든 순간이 인간을 빚는 과정이다. 이때 인문학은 그 과정을 비추는 거울이 되어, 우리가 무엇을 배우고 왜 배우는지를 묻는다.

기계는 지식을 복제할 수 있지만, 의미를 이해하고 타인을 공감하는 일은 오직 인간만이 할 수 있다. 그 인간의 힘을 회복하는 일이 곧 교육의 본질이며, 그 본질을 다시 일깨우는 정신이 바로 장인정신이다. 미래의 교육은 더 이상 "얼마나 많이 아는가?"의 문제가 아니라, "어떻게 깊이 이해하고, 어떻게 아름답게 살아갈 것인가?"의 문제다. 손끝에서 마음으로 이어지는 그 길 위에서, 우리는 기술을 넘어 인간의 품격을 빚는 교육을 만나게 될 것이다.

교육은 결국 완성의 예술이다. 완벽한 결과가 아니라, 끊임없이 완성을 향해 나아가려는 과정 그 여정 속에서 배우고, 성장하고, 함께 걸어가는 모든 사람이 바로 이 시대의 장인이자 교육자이다.

춤으로 세상을 배우고 인문학을 전하는 강사. 윤지원 강사에게 춤은 사람을 잇는 철학이다. 한국지식문화원 인문학연구소 연구원, KCN뉴스 도봉지국장으로 춤 인문학과 댄스로 힐링과 자신감을 전하고 있다. <춤인문학>, <대중가요로 떠나는 댄스인문학>, <K-컬쳐로 읽는 인문학>, <도전과 리듬의 철학>, <오브제퍼커션 힐링치유>, <숟가락난타> 강의를 통해 누구나 자신만의 리듬으로 삶을 춤추듯 살아가도록 돕고 있다. 이론보다 따뜻하고, 철학보다 감동적인 강의를 진행한다. 저서로는 <ALL THAT DANCE : 춤인문학 강의>, <춤의 언어> 등이 있으며 춤과 예술, 철학을 연결하는 콘텐츠를 지속해서 연구하고 있다. 춤 인문학자, 시민예술교육가, 몸의 언어로 철학을 전하고, 리듬으로 인간을 이야기하는 감성인문학자, 춤인문학은 책이 아닌 몸에서, 머리가 아닌 마음에서 피어난다.

K컬처 춤인문학

윤지원
cmo@kcbooks.org

「K컬처 춤인문학」
- 윤지원

프롤로그

K-POP데몬헌터스로 읽는 도전의 인문학

춤은 인간의 가장 오래된 언어다. 언어가 생기기 전부터 인간은 몸으로 감정을 표현했다. 기쁨은 점프가 되고, 슬픔은 고개 숙임이 되었으며, 사랑은 팔의 움직임으로 전해졌다. 몸의 리듬은 마음의 언어였다. 그렇기에 춤은 인류의 역사를 따라오며 언제나 사람의 내면을 비추는 거울이 되어왔다.

오늘날 우리가 마주하는 K-POP은 화려한 무대와 기술의 총합이다. 그리고 그 속에는 끊임없이 자신을 넘어서는 도전의 이야기와 연결되고 싶은 진심이 녹아 있다. 수천 번의 연습 끝에 완성되는 한 동작, 땀과 눈물로 쌓아 올린 무대의 몇 초 그 찰나의 순간 안에는 인간의 의지, 불안, 용기, 사랑이 모두 담겨있다. 이것이 바로 내가 춤인문학이라 부르는 이유다.

애니메이션 영화 〈케이팝데몬헌터스〉는 이 시대 아이돌 판타지의 언어로 재해석한 작품이다. 그 안에는 우리가 살아가는 현실의 리듬이 숨어 있다. 주인공 루미는 완벽해야만 사랑받을 수 있다고 믿는다. 조명 아래에서 웃지만, 그 미소 뒤에는 끝없는 불안이 있다. 그녀가 춤과 노래로 자신 안의 불안을 받아들이고, 나아가는 모습은 현대를 사는 우리 모습과 겹친다. 진정한 춤은 감추는 몸짓이 아니라 있는 그대로의 나를 인정하는 몸짓이다.

아이돌의 무대는 화려한 경쟁이 아니라, 자신을 이겨내는 도전의 서사이다. 케이팝은 세계를 향한 한국의 언어이다. 그것은 인간이 자기 자신을 극복하는 인문학적 표현이다. 수많은 팬이 응원봉을 흔들며 함께 호흡할 때, 공감의 의식이 된다. 춤은 무대 위의 예술이자, 영혼과 영혼이 만나는 대화의 장이다.

춤인문학 강사로 늘 이런 질문을 던진다. '우리가 춤출 때, 무엇이 우리를 움직이는가?' 도전하고 싶은 마음, 연결되고 싶은 마음 그리고 살아있음을 느끼고 싶은 마음이 우리를 움직인다. 머리로 배우는 학문이 아니라, 몸으로 느끼는 철학이다. 케이팝데몬헌터스의 루미가 그랬듯 우리 역시 삶의 무대 위에서 완벽을 버리고 진심으로 서야 한다. 비록 흔들리고 불완전해도 그 흔들림 속에서 우리는 인간으로서 가장 아름다운 리듬을 만들어낸다.

춤을 통해 인간을, 인간을 통해 리듬을, 리듬을 통해 다시 세상을 바라보는 인문학. 케이팝의 도전, 루미의 용기, 그리고 우리의 삶이 한 무대에서 만나게 될 것이다. 오늘 나는 그 무대를 인문학의 리듬이라고 부른다.

춤은 인간의 언어다.

우리는 배우는 말보다 먼저 몸으로 세상을 배운다. 아이가 처음 걷기 시작할 때, 그 걸음은 균형을 잡기 위해 흔들리는 다리, 넘어졌다가 일어나는 순간의 박수 그것이 인간 첫 번째 춤이다. 어른이 되면서 우리는 그 리듬을 잊는다. 하지만 노래가 나오면 어깨가 들썩이고, 손끝이 반응한다. 몸은 알고 있다. 춤이야말로 인간이 가장 오래된 언어라는 것을.

며칠 전 시민대학 강의에서 '춤인문학' 시간을 열었다. 처음엔 모두 조용했다. "저는 몸치라서요" 웃음 섞인 말들이 나왔다. 그때 나는 노래 한 곡을 틀었다. "BTS의 〈Permission to Dance〉입니다. 노래의 가사처럼 오늘은 누구의 허락도 받지 않고 춤을 춰볼까요?" 순간 참여자가 미소를 지으며 어깨를 흔들었다. 그리고 그 옆의 분이 손뼉을 쳤다. 금세 리듬이 번졌다. 몸이 먼저 반응했고 마음이 따라왔다. 그날 나는 확신했다. 춤은 나이와 세대를 초월하는 인간의 언어라는 것을.

춤은 몸이 하는 말이다. 기쁨은 점프가 되고, 슬픔은 천천히 흐르는 선이 된다. 우리는 몸으로 웃고, 몸으로 울고, 몸으로 사랑을 표현한다. 케이팝 무대가 전 세계를 사로잡은 이유도 여기에 있다. 한국의 춤은 감정의 문장으로 되어 있기 때문이다. BTS의 〈봄날〉 안무를 보면 그들이 얼마나 섬세하게 그리움을 표현하는지 알 수 있다. 손끝은 바람을 쓸고 시선을 멀리 머문다. 말보다 깊이 문장이 몸으로 쓰이고 있다.

케이팝데몬헌터스의 루미 역시 춤으로 세상과 대화한다. 그녀는 노래하고 춤추며 악령을 사냥하지만 사실 그녀가 싸우는 대상은 세상이 아니라 자신의 두려움이다. 완벽해야 사랑받는다는 믿음, 틀리면 끝이라는 압박감, 루미의 춤은 그 벽을 깨뜨리는 언어다. 그녀가 무대 위에서 흘린 땀은 말보다 정직했고, 그 한 동작은 수많은 청춘의 눈물과 닮아 있다. 그래서 관객은 루미를 보며 감동한다. 그녀의 춤이 우리의 이야기이기 때문이다.

춤인문학의 핵심은 몸을 통해 삶을 이해하는 것이다. 몸은 늘 지금에 있다. 과거에 후회하거나 미래에 걱정하지 않는다. 지금, 이 순간 음악이 흐르면 그 리듬에 반응한다. 그래서 춤을 추는 사람은 현재를 가장 잘 사는 사람이다. 심리학에서는 이를 몰입이라 부른다. 하지만 나는 이렇게 말하고 싶다. “춤은 지금을 사는 연습이다.”

강의가 끝난 후 수강생이 이렇게 말했다. “강사님 저는 오늘 처음으로 제 몸이 말을 걸어오는 걸 들었어요.” 그 말이 너무 아름답다. 인문학은 거창한 철학이 아니라 이런 작은 깨달음 속에 있다. 몸이 나에게 말을 걸고, 나는 그 말에 대답한다. 그것이 춤 인문학의 시작이다.

춤은 나를 세상과 연결하는 통역사다. 언어가 통하지 않아도 문화가 달라도 사람들은 리듬 하나로 웃고 울고 함께 흔들린다. 이것이 바로 인문학이 말하는 공감의 리듬이다. 춤은 철학보다 빠르고 말보다 진실하다. 그렇기에 나는 늘 말한다. “춤은 인간의 언어다. 그리고 그 언어는 우리 모두의 마음 안에 이미 있다.”

도전의 춤, 황금빛 무대의 철학

춤은 한 번의 동작으로 완성되지 않는다. 무대 위 몇 초의 찬란함 뒤에는 수천 번의 연습이 있다. 케이팝 아이들이 하루 열두 시간씩 연습실에 갇혀 동작 하나, 시선 하나를 맞춰가는 과정은 자신을 향한 끊임없는 도전의 리듬이다.

〈케이팝데몬헌터스〉 속 헌트릭스도 그런 무대에 산다. 그녀들은 춤으로 악령을 퇴치하지만 사실 그녀들이 싸우는 것은 자기 안의 불안이다. 무대에서 미소를 짓지만, 그 미소 뒤엔 이번에 틀리면 어떡하지? 라는 떨림이 숨어 있다. 그러나 멈추지 않는다. 그녀들은 완벽함이 아니라 용기를 선택한다. 그것이 바로 도전의 춤이다.

춤인문학에서 도전은 승부가 아니라 성장이다. 이기는 사람이 아니라, 어제보다 한 걸음 나아간 사람이 춤을 완성한다. BTS가 〈온(On) 〉 무대에서 수십 명의 군무 속에서도 각자의 에지를 잃지 않는 이유, 블랙핑크가 세계 무대에서 서로 다른 색깔로 어우러지는 이유는 그들의 춤이 삶의 기록이기 때문이다. 그들은 완벽함보다 진정성의 땀방울로 승부한다.

강의에서도 나는 늘 이렇게 말한다. “춤은 비교가 아니라 나와의 대화입니다.” 그 말을 듣던 한 참여자가 웃으면서 이렇게 말했다. “그럼 저는 아직 연습 중이네요.” 맞다 우리는 모두 연습 중이다. 삶이라는 무대에서 아직 완벽하지 않아도 계속 리듬을 맞추는 중이다. 그분의 미소가 빛났다.

진짜 춤은 흔들림 속에서도 앞으로 나아가는 용기다. 우리의 삶도 그렇지 않은가? 넘어지고 다시 일어나고, 또 흔들리며 배우는 과정, 도전은 실패의 반대말이 아니라 포기하지 않음의 또 다른 이름이다.

나는 종종 묻는다. "춤을 추는 사람에게 필요한 건 리듬일까요? 용기일까요?" 답은 언제나 같다. 용기가 리듬을 만든다. 리듬은 두려움을 뚫고 나올 때 생긴다. 그 순간 몸은 자유로워지고 마음을 살아난다.

한 수강생이 말했다. "강사님 저는 아직 리듬이 잘 안 맞아요.", 나는 웃으며 말했다. "괜찮아요. 세상에 완벽한 박자는 없어요. 중요한 건 계속 움직이고 있다는 거예요." 그분은 천천히 손뼉을 쳤다. 박자가 조금 늦었지만, 그 리듬은 세상에서 가장 인간적인 소리였다.

케이팝의 화려한 무대는 인간의 도전이 만들어낸 예술이다. 헌트릭스의 춤이 그렇고, 우리 모두의 삶이 그렇다. 빛은 어둠을 두려워하지 않을 때 더 빛난다. 도전은 넘어짐의 반대가 아니라 넘어짐을 포함한 아름다움이다. 그래서 나는 오늘도 이렇게 말하고 있다. "춤은 완벽을 향한 싸움이 아니라, 진짜 나로서는 몸짓이다." 그 몸짓이 바로 인간의 황금빛 무대다.

영혼의 춤

팬덤과 공감의 의례

공연장 불이 꺼지고 첫 음이 울리면 팬들의 손에 든 응원봉이 일제히 켜진다. 파도처럼 흔들리는 그 빛은 마치 별의 바다 같다.

노래가 시작되면 무대 위의 아이돌과 객석의 팬이 서로를 바라본다. 그 순간 무대와 관객의 경계가 사라진다.

케이팝 팬덤은 하나의 현대적 의례이다. 영혼의 춤이다. 공연장에서 온라인에서 그리고 마음속에서 그들은 같은 리듬으로 호흡한다. 함성의 언어가 되고 리듬의 마음이 된다.

〈케이팝데몬헌터스〉에서 헌트릭스가 무대 위에서 노래하고 춤을 출 때 관객들은 함께 호흡하고 함께 치유된다. 그녀들이 흘린 땀방울은 우리 모두의 눈물이고, 그 리듬은 우리 모두의 심장박동과 닮았다. 그 무대는 악령에서 구해주는 누군가의 상처를 닦아주는 제의이다.

이 장면을 보며 한 강의를 떠올렸다. 수강생들과 공감의 리듬을 주제로 수업을 하던 날이다. 음악을 틀고 모두가 원형으로 서서 손뼉을 맞추며 리듬을 이어갔다. 누군가 실수해도 괜찮았다. 옆 사람이 미소 지으며 다시 박자를 맞춰줬다. 그 순간 강의실 안의 공기가 바뀌었다. 마치 공연장처럼 하나의 리듬이 울리고 있었다. 나는 그때 깨달았다. 공감이란 누군가의 리듬에 나를 맞추는 용기라는 것을.

팬덤문화의 본질도 다르지 않다. 아이돌을 향한 응원은 공감의 언어다. 누군가의 성장과 노력을 지켜보며, 그 도전의 리듬에 나도 함께 몸을 흔드는 경험. 이것이 케이팝 팬덤의 힘이다. 사람들은 그 리듬 속에서 위로받고, 다시 살아갈 용기를 얻는다. 그건 집단적 열광에서 집단적 자유로 만든다.

BTS의 콘서트에서 팬들이 부르는 함께 울고 함께 웃는 노래는 현대판 제의에 가깝다. 예전엔 제사장이 신과 인간을 잇는 춤을 췄다면 지금은 아이돌과 팬이 함께 춤추며 영혼을 잇는다. 이것이 바로 21세기형 영혼의 춤이다. 케이팝의 진짜 힘은 기술이나 영상미가 아니라, 공간의 리듬이다. 언어가 다르고 피부색이 달라도 리듬 앞에서 모두 같은 인간이 된다. 아이돌이 뿜는 에너지와 팬의 응원이 교차하는 순간 그 공간은 하나의 인문학적 무대, 즉 인간과 인간이 진심으로 연결되는 현장이 된다.

춤은 몸의 언어이고 팬덤은 그 언어에 화답하는 영혼의 회화다. 공감은 철학이 아니라 리듬이다. 우리가 같은 노래에 박수를 치고, 같은 춤에 감동하는 이유는 우리 안에 리듬이 다르지 않기 때문이다. 오늘도 세계 곳곳에서 수많은 무대가 열린다. 화려한 조명 아래에서 혹은 좋은 연습실 안에서, 하지만 무대의 크기는 중요하지 않다. 무대의 크기는 마음이 공명하는 깊이로 결정된다. 케이팝의 팬덤이 만들어낸 이 거대한 울림은 결국 인간이 서로를 향해 내미는 손, 그리고 함께 살아있음을 확인하는 춤이다.

빛과 그림자의 무대

무대 위의 빛이 강할수록 그 뒤의 그림자는 짙어진다. 〈케이팝데몬헌터스〉는 바로 그 빛과 어둠의 경계에 선 이야기다. 루미의 몸에는 문양이 있다. 그건 악령이었던 아버지에게서 물려받은 흔적이다. 무대 조명 아래에서 문양이 드러날 때마다 루미는 세상의 시선이 자신을 인정하지 않으려 할까 봐 두려웠다. 그녀는 문양을 감추고 살았다. 그 문양이 알려지면 악령을 막는 혼문을 닫게 하는 것이 실패할 것 같아서 동료들조차 알리지 않았다. 하지만 그 문양이 그녀가 진짜 인간으로 성장하게 하는 운명의 리듬을 만든다.

루미의 곁에는 셀린이 있다. 셀린은 한때 전설적인 헌트릭스였다. 루미의 인간 어머니가 세상을 떠난 뒤 셀린이 루미를 거둔다. 셀린은 루미의 그대로를 사랑하지 않고 숨겨왔다. 그녀의 춤은 어딘가를 향해 닫혀 있었다. 아버지에게 물려받은 문양은 어둠의 흔적이자, 인간으로 살아남은 증거이다. 빛과 어둠이 한 몸에서 공존할 때, 비로소 그녀의 춤은 완성되었다.

나는 강의에서 이런 이야기를 한다. "각자의 문양으로 가지고 살아갑니다. 누구에게는 상처일 수 있고, 누군가에게는 빛일 수도 있습니다. 하지만 감추면 그림자일 뿐이고, 드러내면 예술이 됩니다." 나에게도 상처가 있다. 어릴 적 아버지의 폭력이 내 몸에 문양으로 새겨져 있다. 나는 아버지를 이해하기로 했다. 그리고 감히 용서해드렸다. 그리고 춤에 나를 맡긴다.

〈케이팝데몬헌터스〉는 우리에게 묻는다. "당신은 자신의 문양을 인정할 수 있나요?" 춤은 그 대답을 몸으로 보여주는 언어다. 빛과 그림자를 함께 품을 때 비로소 인간은 가장 아름다운 리듬으로 춤춘다.

K컬처 세계를 울린 한국의 도전

"춤은 결국 사람의 이야기입니다." 이 말은 어느 외국 기자가 한류 취재 중 남긴 말이다. 그는 BTS의 무대를 본 뒤 이렇게 말했다. “그들의 춤에는 기술이 아니라 진심이 있다.” K-POP 리듬이 세계를 울린 이유는 화려한 무대장치나 완벽한 안무 때문은 아니다. 이 안에는 끊임없이 도전하는 인간의 이야기, 그리고 함께 살아가는 공동체의 에너지가 숨어 있다.

1950년대 전쟁의 폐허 속에서도 사람들은 노래했다. 그 시절의 리듬은 슬픔을 견디는 용기였다. 굳세어라 금순아를 부르며 서로 위로하는 그 리듬은 지금의 K-POP 무대에서 여전히 살아 숨 쉰다. 한국의 춤은 고통을 미화하지 않는다. 그저 견뎌낸 사람들이 리듬으로 남는다.

헌트릭스가 악령과 싸우는 장면은 사실 한국이 세계와 싸워왔던 문화적 과정을 떠올리게 한다. 한때 작은 나라라 불리던 한국은 이제 리듬 하나로 세계의 심장을 흔든다. 루미의 문양이 감춰진 상처였다면 K컬쳐의 문양은 상처를 예술로 바꾼 민족의 흔적이다. 우리는 슬픔을 숨기지 않고 춤으로 승화시켰다. 그게 바로 도전의 문화, 한국의 인문학적 힘이다.

BTS, 블랙핑크, 스트레이키즈, 뉴진스 그리고 수많은 연습생까지 그들의 무대는 성공보다는 과정이 담겨있다. 무대 위 몇 분을 위해 매일 열두 시간을 연습하고 실패를 반복하며 자신과 싸운다. 그건 현대판 수련의 리듬이다. 춤이 거창한 무대에서만 일어나는 것은 아니다. 도전도 작은 일상에서 일어난다. 살아있다는 것 자체가 리듬이며 도전이다.

한국의 K-POP은 기술보다 마음으로 세상을 뒤흔들었다. 가장 빠른 박자 속에서도 우리는 따뜻함을 놓지 않았다. 퍼포먼스라는 단어 대신 이야기를, 스타라는 이름 대신 사람을 보여주었다. 그것이 세계인이 사랑한 이유다. 한국의 품은 우리 시대의 인문학이 되었고 리듬은 이간의 보편언어가 되었다. 한국의 춤은 세계의 거리에서, 청춘들의 방에서 그리고 강의실에서도 울리고 있다. 그 리듬은 한 사람의 몸에서 시작해 모두의 마음으로 확산하는 살아있는 철학이다.

도전이 있는 곳에 춤이 있고, 춤이 있는 곳에 인간이 있다. 케이팝의 박자와 헌트릭스의 무대 그리고 우리의 일상은 모두 같은 리듬으로 이어진다. 그 리듬은 계속된다. 멈춤 없이, 흔들림 속에서 더 단단해진 박자로

오늘 당신의 걸음이 느리더라도 괜찮다. 당신은 여전히 리듬 속에 있다. 그 리듬이 당신을 살아 있게 한다. 그리고 나는 믿는다. 누구나 자기만의 춤으로 세상을 밝힐 수 있다는 것을. 춤은 나다. 춤은 삶이다. 그리고 춤은 우리 모두를 잇는 인문학이다.

"If I could tell you what it meant,
there would be no point in dancing it."

Isadora Duncan

이민정 작가는 K-컬처 인문학자이자 콘텐츠 기획자입니다.

현재 성산효대학원대학교 문화미디어 책임교수, KCN 뉴스 취재부장으로 활동하고 있으며, '오래 컬쳐 스튜디오' 대표를 겸임하고 있습니다. 언론학과 국어국문학을 전공한 뒤 프리랜서 디자이너로 활동한 이력을 바탕으로, 한국 전통 가치와 현대 미디어를 융합하는 데 전념하고 있습니다.

특히, 한국적 미의식과 정서를 현대 미디어 콘텐츠에 융합하는 데 집중하여, 불완전함을 포용하는 K-정서의 힘을 인문학적으로 깊이 있게 탐구합니다. 이를 바탕으로 한 강연과 저술이 많은 독자들에게 영감과 위로가 되기를 기대합니다.

K-컬처 인문학

가장 불안정한 나로, 가장 단단하게 사는 법

이민정
orae5555@naver.com

「K-컬처 인문학
가장 불안정한 나로, 가장 단단하게 사는 법」
- 이민정

프롤로그

완벽주의 피로, 인류의 새로운 위기

우리는 역사상 가장 많은 것을 가진 시대에 살고 있지만, 역설적으로 가장 불안하고 지쳐 있다. 완벽하게 준비했지만 단 한 번의 실수로 밤새 잠을 못 이루는 사람들. 남들보다 세 배는 노력하지만 여전히 부족하다고 느끼는 사람들. SNS에 올라온 타인의 성공을 보며 자신의 하루를 초라하게 여기는 사람들. 이들은 모두 같은 시대적 질병을 앓고 있다.

서구 문명이 수백 년간 추구해 온 '완벽한 통제와 질서'의 미학은 끝없는 경쟁과 자책을 낳았다. 기술적 결함 없는 완벽함, 단점 없는 인간, 실수 없는 삶만이 가치 있다고 강요되는 사회. 전 세계는 지금 '완벽주의 피로 증후군'이라는 새로운 정신적 위기에 봉착했다. 통제 가능한 것만을 진리로 여기는 서구적 사유는, 결국 인간 내면의 '불완전함'이라는 통제 불가능한 영역을 병들게 만들었다.

그런데 놀라운 일이 일어났다. 2023년, 찌그러지고 일그러진 조선의 백자 항아리 하나가 뉴욕 크리스티 경매에서 60억 원에 낙찰되었다. 2025년, 악령의 저주를 품은 불완전한 영웅의 이야기가 넷플릭스 역대 최고 시청 기록을 세웠다. 세계는 지금 완벽함이 아닌 불완전함에 열광하고 있다.

인류는 묻는다. 가장 불안정한 나로, 어떻게 가장 단단하게 살 수 있을까?

이 질문에 대한 가장 따뜻하고 심오한 철학적 응답은, 동양의 작은 나라 한국의 '찌그러진 백자'와 '맹한 매력의 영웅'이 전하는 불완전함의 철학에서 피어나고 있다. 이 철학은 단순한 위로가 아니라, 완벽한 통제에 대한 역사적이고 철학적인 대안이다. 이것이 바로 K-컬처 인문학이 존재하는 이유다.

300년 전 찌그러짐의 철학 - 달항아리

60억에 팔린 불완전함

2023년 3월, 뉴욕 크리스티 경매장. 18세기 조선의 달항아리 한 점이 460만 달러, 우리 돈 약 60억 원에 낙찰되었다. 이는 단순히 희귀성 때문이 아니었다. 세계가 이 항아리의 '찌그러짐' 그 자체에 동의한 것이다.

달항아리는 그 크기 때문에 장인이 위아래 두 개의 반구를 따로 빚어 접합하는 방식으로 제작된다. 이 과정에서 완벽한 접합은 불가능하다. 중간의 접합부 흔적이 선명하게 남고, 가마 속 1,300도

이상의 열과 흙의 수축으로 인해 미세한 굴곡과 찌그러짐이 발생한다. 서양 도자기의 기준에서는 이것이 '결함'일 수 있다. 그러나 한국 미학에서는 이것이 항아리의 본질적인 '개성'으로 인정된다.

영국의 도예가 버나드 리치는 이를 "있는 그대로를 받아들이는 것(acceptance of what is)"이라 표현했다. 달항아리는 자연의 우연적인 개입 - 열, 공기, 흙의 숨결 - 을 적이 아닌 '동반자'로 받아들인다. 장인은 통제하려 하지 않는다. 대신 함께 만들어간다.

찌그러짐이 주는 평온함

놀라운 것은 이 형태적 불안정함이 오히려 심리적 평온함을 제공한다는 점이다. 달항아리를 본 사람들은 이렇게 말한다. "위로받았다", "내 마음이 편안해졌다", "있는 그대로의 나를 인정하게 됐다".

왜일까? 달항아리는 말한다. 불완전함을 숨기려 하지 말라고. 그것을 온전함으로 인정하라고. 접합선은 결함이 아니라 두 개가 만나 하나가 된 증거다. 찌그러짐은 실패가 아니라 자연과 함께 숨쉰 흔적이다.

이것이 바로 한국 미학의 핵심이다. '불완전함 속 온전함(Wholeness in Imperfection)'. 300년 전 조선의 장인들은 이미 알고 있었다. 가장 불안정한 형태로, 가장 단단한 아름다움을 만드는 법을.

권위를 해학으로 전복하다

- 호작도

한국의 전통 미학에서 '허술함과 맹한 매력'은 개인의 위안을 넘어 사회적 카타르시스의 도구로도 활용되었다. 바로 까치호랑이 그림, 호작도다.

전통 호작도에서 호랑이는 권력자나 양반을 상징한다. 그러나 실제 맹수의 위엄과 달리 "어수룩하고 바보 같은 모습"으로 그려졌다. 반면 까치는 일반 백성을 대표하여 "당당하게" 묘사된다. 이는 조선 시대 백성들이 직접 권력을 비판할 수 없었던 시대, 강력한 권위의 상징을 일부러 '맹하게' 만듦으로써 안전하게 비판하고 정서적 해방을 얻는 전략이었다.

즉, '허술함'은 단순한 미적 선호가 아니라 권위와 압력을 비활성화하고 집단 위안과 연대를 촉진하는 역사적 유산이다. 완벽하고 무결한 권력이 아니라, 불완전하고 인간적인 모습이야말로 진정한 공감을 낳는다는 지혜다.

불완전한 영웅의 탄생 - 루미와 더피

3억 회 시청된 저주받은 영웅

2025년, 넷플릭스 역대 시청 1위를 기록한 애니메이션 〈케이팝 데몬 헌터스(KDH)〉. 이 작품의 주인공 루미는 기존의 영웅과 다르다. 그녀는 인간과 악령의 피를 반씩 타고난 '반인반귀'다. 그녀의 몸에는 악령의 검은 문양이 새겨져 있다. 이 문양은 숨길 수 없고, 지울 수 없으며, 그녀가 영원히 짊어지고 가야 할 낙인이다.

초기 K-컬처는 칼군무와 고도로 정제된 프로덕션으로 대표되었다. '기술적 정교함'을 추구하며 세계 무대에 섰다. 그러나 KDH는 그 궤도를 근본적으로 수정한다. 루미의 힘은 '결함을 극복하는 것'이 아니라 '결함 자체를 인정하고 끌어안는 것'에서 나오기 때문이다.

달항아리의 접합선과 루미의 문양

루미의 검은 문양을 보라. 그것은 300년 전 달항아리의 접합선과 같다. 두 개의 다른 본질 - 인간과 악령 - 이 만나 하나가 된 흔적. 완벽하게 매끄럽지 않지만, 바로 그 불완전함이 그녀를 온전하게 만든다.

루미의 보호자 셀린은 그녀에게 가르쳐왔다. "너의 연약함, 너의 결점을 드러내서는 안 된다. 문양을 숨겨야 한다." 그러나 루미는 절규한다.

"This is what I am. Look at me. Why can't you look at me?! Why couldn't you love me?"

(이게 바로 저라고요. 저 보세요. 왜 날 못 보는데요?! 왜 사랑해 주지 않냐고요?)

셀린이 답한다. "I do!" (사랑해!)

루미가 외친다. "All of me!" (내 전부를요!)

이 장면은 현대를 살아가는 모든 이의 절규다. 인간은 자신의 일부를 숨기며 살아간다. 약점을, 실수를, 상처를. 그러나 루미는 묻는다. 왜 내 전부를 사랑하지 못하는가? 조건부 사랑이 아니라 온전한 수용을 요구한다.

맹한 매력의 전령사 - 더피

루미의 불완전함의 철학은 또 다른 캐릭터, 더피를 통해 구체화된다. 더피는 적대 세력인 귀마의 하수인, 진우의 반려동물이자 전령사다. 그런데 이 캐릭터는 호작도의 '맹한 호랑이'에서 영감을 받아 디자인되었다.

더피는 위협적이지 않다. 봉제인형처럼 수더분하고, 행동은 어설프며, 표정은 순진하다. 처음 루미 앞에 나타났을 때도 그녀를 위협하기보다 오히려 우스꽝스러운 모습을 보였다. 시청자들은 이 '맹한 매력'에 압도적으로 반응했고, 루미조차도 점차 더피에게 마음을 열게 된다.

애니메이션 말미, 진우가 소멸한 후 루미는 더피의 보호자가 된다. 이는 단순한 해피엔딩이 아니다. 이것은 '불완전한 존재를 끌어안아 온전함을 이루는' K-힐링의 가치가 완성되는 순간이다. 루미는 자신의 불완전함을 받아들였고, 이제 다른 불완전한 존재(더피)까지 품는다.

여기서 우리는 본다. 달항아리의 찌그러짐이 현대의 영웅 루미의 문양으로 다시 태어났고, 호작도의 맹한 호랑이가 더피라는 치유의 매개체로 부활했음을.

함께 부르는 치유 - 집단 가창의 힘

노래가 악령을 쫓는다

KDH에서 루미가 속한 아이돌 그룹 헌트릭스의 노래는 단순한 퍼포먼스가 아니다. 그것은 "사람들의 마음을 하나로 모으고, 치유하며, 강하게 하는 힘"이다. 영화 속에서 헌트릭스의 가창이 집단적인 에너지 - 관중의 노래와 감정 - 와 결합될 때 '혼문(惡靈 봉인의 결계)'이 완성되어, 악령을 퇴치하는 직접적인 힘이 된다.

이런 설정은 단순한 판타지가 아니라, 한국의 오랜 집단적 노래 전통과 치유·공동체 신앙에 깊이 뿌리를 두고 있다.

굿, 농악, 떼창

한국적 집단 치유의 계승

굿(Shamanic Ritual) : 샤먼의 음악과 노래가 공동체의 불안과 질병을 치유하는 힘. 개인의 고통을 공동체 전체가 함께 노래하고 춤추며 승화시키는 의식.

농악(Nong-ak) : 농사일의 고통과 피로를 집단적인 리듬과 합주로 승화시키는 해방의 에너지. 혼자가 아니라 함께 소리 내며 버티는 연대.

떼창(Collective Singing) : 콘서트장에서 팬들이 하나의 목소리로 노래를 부를 때, 그 순간 개인의 외로움은 사라지고 집단의 위로가 발생한다. 이는 K-Pop 문화의 상징적 행위다.

KDH의 감독은 "굿과 K팝 공연의 힘을 접목했다"고 밝혔다. 즉, 헌트릭스의 노래가 만드는 혼문은 단순한 마법이 아니라, 한국인이 수백 년간 실천해 온 '집단 가창을 통한 치유'의 현대적 재해석이다.

산산조각난 나를 함께 부르다

OST의 진화

OST의 메시지 변화 역시 이 '자기 수용'과 '집단 치유'의 서사를 따라간다. 초반 〈Golden〉에서는 멤버들이 각자의 부족함과 연약함을 드러내겠다는 용기를 노래하지만, '결점을 극복하려는 의지'에 가깝다. 루미는 이 단계에서도 가장 깊은 비밀인 악령의 문양은 꽁꽁 숨기고 있어, 진정한 자기 수용에는 이르지 못한다. 갈등과 좌절을 겪고 각성한 후, 마지막 〈What It Sounds Like〉에 이르러서야 루미는 있는 그대로의 자신을 받아들인다.

특히 이 곡은 헌트릭스의 세 멤버들이 "산산조각나고 부서진 자신과 서로의 불완전함을 있는 그대로 인정하는 목소리"가 집단적 가창과 합쳐져 메인 빌런 '귀마'를 물리치는 '연결과 변혁'의 선언으로 완성된다. 이는 세 개의 불완전한 조각이 모여 하나의 '온전한 혼문'을 완성하는 K-힐링의 핵심적 서사다. 혼자서는 부족하지만, 함께 부르면 완전해진다.

에필로그

K-컬처 인문학, 불완전함의 선언

60억에 팔린 찌그러짐. 3억 회 시청된 불완전한 영웅. 이 두 이야기는 하나의 철학으로 수렴한다. 가장 불안정한 나로, 가장 단단하게 사는 법.

달항아리는 말한다. 찌그러짐을 숨기지 말라고. 그것이 진짜로 만들어진 방식이라고. 접합선은 결함이 아니라 두 개가 만나 하나가 된 증거라고.

루미는 묻는다. 당신은 당신의 전부를 사랑할 수 있는가? 조건부 수용이 아니라 온전한 긍정을 할 수 있는가?

더피는 보여준다. 위협적이지 않아도, 완벽하지 않아도, 존재는 누군가에게 위로가 될 수 있다고.

헌트릭스의 노래는 증명한다. 혼자서는 부족하지만, 함께 부르면 해낼 수 있다고.

완벽주의 피로 시대, 인류에게 필요한 것은 더 강한 통제가 아니라 온전한 수용이다. 서구 문명이 수백 년간 추구해 온 '결함 없는 완벽함'에 대한 역사적이고 철학적인 대안이 바로 한국의 '불완전함 속 온전함'이다.

K-컬처 인문학은 이렇게 선언한다.

찌그러짐이 가치다. 접합선이 개성이다. 불완전함이 온전함을 만든다.

이것은 단순한 위로가 아니라, 300년 전 달항아리가, 수백 년 전 호작도가, 그리고 오늘날 루미와 더피가 증명해 온 철학적 진리다.

K-컬처는 이제 단순한 소비재가 아니다. 그것은 인류의 다음 세대 정신적 지향점, Next Humanism을 제시하는 철학적 담론이다.

K-컬처 인문학은 말한다. 결함까지도 역사로 끌어안아 온전함을 창조하는 것. 그것이 바로 가장 불안정한 나로, 가장 단단하게 사는 법이라고.

이것이 바로 K-컬처 인문학이 존재하는 이유이며, K-컬쳐가 나아갈 길이다.

이은미

철학박사 · 사회복지학·상담심리 전공

가정·성폭력 상담사이자 군부대 성고충심의위원으로 활동하며, 유아부터 노인까지 성인지 개선교육 강사로 다양한 세대와 마주하고 있다. 또한, 대학교수로서 학문적 성찰과 실천적 교육을 연결하는 활동을 이어왔으며, 가정과 사회 속에서 자녀를 양육하는 부모의 성인지 감수성을 깨우는 길을 이어가고 있다.

공저 시집 『인생의 향기』를 출간했다.

존중의 철학, 평등의 인문학

서로를 이해하는 눈, 인간의 존엄을 바라보는 마음

이은미
uoosagi8@naver.com

「존중의 철학, 평등의 인문학 - 서로를 이해하는 눈, 인간의 존엄을 바라보는 마음」

- 이은미

프롤로그

인문학으로 평등의 감수성을 일깨우다

성인지 감수성은 단순히 성평등을 이해하는 능력이 아니다.

그것은 인간을 바라보는 깊은 이해의 감각이며, 삶을 사유하는 인문학적 눈이다. 우리가 타인을 어떻게 바라보는지, 무심한 말 한 마디가 누군가의 하루를 얼마나 흔들 수 있는지, 그 모든 순간이 감수성의 자리에서 시작된다.

인문학은 인간의 이야기를 탐구한다. 그 안에는 삶의 다양한 얼굴, 감정, 관계, 그리고 차이가 존재한다.

성인지 감수성은 바로 그 인문학의 중심에서 태어난다. 사람을 이해하고, 존중하며, 서로 다른 존재가 함께 살아갈 길을 묻는 마음의 인문학이다.

감수성, 인간을 이해하는 첫 번째 언어

감수성은 지식보다 마음이 먼저 움직이는 자리에서 시작된다. 어린 시절, 친구의 눈물을 보고 함께 울었던 기억, 부당한 일에 분노했던 순간, 모두 그 안에 감수성이 깃들어 있었다.

성인지 감수성은 남성과 여성, 어린이와 노인, 모든 사람의 존엄을 동등하게 바라보는 마음의 언어다.

이 언어는 지식만으로는 배울 수 없다. 타인의 고통을 듣고, 그 마음에 조용히 머무르는 경험 속에서 자란다. 감수성은 인간이 인간을 이해하기 위한 가장 오래된 언어이자, 가장 새로운 언어이기도 하다.

차이를 바라보는 시선의 힘

우리는 모두 다르다. 성별, 나이, 경험, 생각의 결이 다르다. 그러나 다름은 틀림이 아니다. 차이는 세상을 풍요롭게 하는 인간 다양성의 빛깔이다. 성인지 감수성은 그 다름을 이해하고, 차이 속에서 서로의 자리를 인정하는 철학적 시선을 길러준다.

인문학은 우리에게 묻는다.

"당신은 타인의 입장에서 세상을 바라본 적이 있는가?"

다른 시선을 배우는 일, 그것이 감수성의 시작이다.

관계 속의 평등, 공감의 윤리

우리는 관계 속에서 존재한다. 가정, 학교, 일터, 사회. 그 어디서든 성별의 고정된 역할은 남아 있고, 그 속에서 누군가는 상처받는다.

성인지 감수성은 관계 속에서 평등을 실천하는 생활의 윤리다. 지시가 아닌 대화로, 침묵이 아닌 경청으로, 무심함이 아닌 공감으로 이어질 때 관계는 비로소 평등의 얼굴을 가진다.

공감은 이해의 결과가 아니라, 이해를 향한 시작이라고 인문학은 말한다.

세대의 벽을 넘어, 함께 배우는 인문학

성인지 감수성은 특정 세대의 언어가 아니다. 유아가 친구의 다름을 배우는 순간부터, 청소년이 관계의 경계를 배우고, 성인이 타인의 선택을 존중하며, 노인이 삶의 경험을 나누는 그 모든 시간 속에 감수성은 자란다.

세대마다 피어나는 감수성의 모습은 결국 하나의 질문으로 모인다.

"우리는 함께 살아가고 있는가?"

서로의 이야기를 듣고, 차이를 이해하며, 다시 '함께'라는 단어의 의미를 배워가는 여정이다.

이야기로 배우는 성인지 감수성

이야기는 인간이 자신을 이해하는 가장 오래된 방법이다. 우리는 이야기를 통해 누군가의 삶을 대신 살아보고, 그 마음의 결을 따라가며 공감의 힘을 배운다.

딸의 이름을 부르는 아버지의 목소리, 편견을 넘어선 친구의 손짓은 우리에게 '서로의 세계를 이해하는 법'을 가르쳐 준다.

이야기는 세상을 바꾸지 않지만, 이야기를 듣는 마음의 태도는 세상을 바꾼다.

존중이 머무는 사회, 감수성의 미래

성인지 감수성은 '교육'이 아니라 '문화'가 되어야 한다. 존중이 자연스럽게 스며드는 사회, 차이를 이유로 상처받지 않는 관계, 그 속에서 감수성은 살아 숨 쉰다.

인문학은 그 문화를 만들어가는 밑거름이다. 삶을 이해하고, 인간을 존중하며, 말과 행동, 시선과 생각 속에서 평등의 감수성을 실천하는 일. 그것이 우리가 함께 만들어갈 감수성의 미래다.

에필로그

공감의 인문학이 세상을 바꾼다.

성인지 감수성은 누군가를 가르치기 위한 개념이 아니라, 함께 살아가기 위한 마음의 태도다.

인문학은 그 마음을 길러주는 토양이다. 지식보다 먼저 마음을 배우고, 판단보다 먼저 이해하려는 시선, 그것이 바로 감수성의 시작이며 인문학이 우리에게 남긴 가장 깊은 유산이다.

"Justice is what love looks like in public."

Cornel West

한국뇌행복문화원 대표 · 뇌건강 인문학 강사

전병식 교수는 뇌과학과 인문학을 융합해 '건강한 뇌의 습관이 행복의 시작'임을 전하는 뇌건강 인문학 전문 강사다.

인천광역시북부교육청 교육장을 비롯하여 40년간 교육 전문직과 현장 교육을 통해 인간 발달의 핵심을 '뇌의 성장과 회복력'에서 발견했다. 이로인해 브레인트레이너, 뇌교육사, 뇌건강체조지도사로서 우리 뇌의 잠재력을 일상에서 실천하는 '완전한 건강'의 길을 제시한다.

현재 한국지식문화원 인문학연구소 주임교수로서 뇌건강 인문학의 기반을 확장하는 연구와 교육에 힘쓰며, 인천광역치매센터 뇌건강지킴이 강사로 활동하며 지역사회와 꾸준히 소통하고 있다. 또한 공감복지방송과 경인방송라디오를 통해 뇌건강의 가치와 실천법을 대중에게 전하고 있다.

그동안 교육부, 한국교원대종합교육연수원, 인천광역시교육청 및 산하기관, 행정안전부 국가재난안전교육원(NDTI), 평생학습관, 노인지도자대학 등 다양한 기관에서 300회가 넘는 강의를 진행했다. 그의 강의는 감정과 기억, 일상의 회복력을 일깨우는 인문학적 치유 경험으로 평가받고 있다.

대표 강의로 「뇌를 알면 행복이 보인다」, 「뇌건강과 스트레스 관리」, 「건강한 뇌, 오래 잘 쓰는 법」, 「치유와 회복의 인문학」, 「10년 젊어지는 1분 생활 습관」, 「뇌를 알면 마음이 보인다」 등이 있다.

도시에서 만난
뇌건강 인문학

전병식
ceo@brainceo.org

「도시에서 만난 뇌건강 인문학」
- 전병식

프롤로그

‘뇌건강 인문학’은 뇌과학과 인문학의 만남이다. 인문학이 인간의 삶과 의미를 탐구한다면, 뇌과학은 그 삶이 실제로 어떻게 작동하는지를 설명한다. 인문학은 ‘왜 살아야 하는가?’를 묻고, 뇌과학은 ‘그 질문에 우리가 어떻게 반응하고 느끼는가?’를 해석한다. 두 세계가 만날 때 감정은 심리 현상을 넘어 신경과학적으로 이해되고, 생각은 뇌의 신경 신호와 회로의 작용으로 설명된다. 즉, 인간의 마음을 감정이나 철학으로 바라보던 시각이 ‘뇌의 작동 원리’라는 과학적 언어를 통해 구체적으로 이해되는 것이다.

‘뇌건강 인문학’은 뇌과학적 데이터와 문학적 통찰을 함께 품어 ‘감각의 회복, 사유의 회복, 관계의 회복’을 이끈다. 이 모든 생각의 바탕에는 뉴로휴머니즘(Neurohumanism) 이라는 철학이 있다. 뉴로휴머니즘은 뇌의 언어로 인간을 이해하려는 인문학이다. 즉, 뇌과학과 인문학을 함께 바라보며 인간의 감정과 사고, 기억, 관계를 과학적으로 이해하고 그 안에서 인간의 존엄과 의미를 회복하려는 새로운 시도다. 이 철학은 뇌를 통해 인간을 이해하는 움직임이기도 하다. 뇌를 이해하는 일은 곧 인간을 이해하는 일이다.

도시는 보고, 듣고, 만지고, 느끼는 감각 경험의 무대다. 거리의 불빛, 소음, 냄새와 공기의 온도까지 모여 도시를 만든다. 모든 감각 자극을 통해 뇌로 들어온 정보는 '도시의 기억'이 된다. 이렇게 쌓인 감각의 기억은 우리의 감정과 사고, 나아가 삶의 태도에 영향을 미친다. 그래서 도시의 경험은 뇌 속에 새겨지는 삶의 기록이며, 그 기억을 바탕으로 우리는 매일 조금씩 새롭게 성장한다.

도시는 인간의 삶과 문명이 가장 잘 드러난 공간이다. 건물과 도로, 사람들의 관계와 기술이 함께 어우러져 오늘의 도시를 만든다. 그러나 변화의 속도가 지나치게 빨라지면 균형이 무너진다. 끊임없는 자극 속에서 우리의 뇌는 과부하 되고, 감정은 점차 둔감해진다. 인간의 뇌는 원래 느린 학습과 반복을 통해 안정되도록 설계되어 있다. 약 30만 년 전 구석기 시대 이후, 뇌의 기본 구조는 거의 변하지 않았다. 낮과 밤, 계절의 순환 같은 자연의 리듬에 맞춰 진화한 뇌는 예측 가능한 흐름과 반복 속에서 가장 편안함을 느낀다.

『도시에서 만난 뇌건강 인문학』은 초고속으로 변화하는 도시에서 피로해진 뇌를 이해하고, 잃어버린 감각과 인간성을 되찾는 여정이다. 세계의 도시를 걸으며, 그 안에 숨은 감각과 기억의 풍경을 탐험한다. 그 과정에서 스스로 묻는다. '도시의 삶에서 우리 뇌는 건강한가?'

감각의 도시, 잃어버린 뇌

뇌과학자들은 인간의 뇌를 도시의 지도에 비유한다. 뇌는 하나의 거대한 도시처럼 움직인다.

뇌를 구성하는 신경세포(뉴런)는 건물이고, 신경세포를 연결하는 시냅스는 도로다. 생각과 감정이 오가는 회로는 도시의 도로망처럼 끊임없이 신호를 주고받는다. 계획을 세우고 판단하는 전두엽, 감정을 빠르게 느끼고 반응하는 편도체, 경험과 기억을 저장하고 떠올리는 해마, 체온·수면·호르몬 등 생명 유지 기능을 조절하는 시상하부 등 삶을 주관하는 대표적인 뇌의 기관들이 있다. 이들은 수백억 개의 신경세포로 연결되어, 우리의 생각과 감정, 행동이 끊임없이 이어지고 조절된다.

도시가 활력을 유지하려면 교통이 막히지 않아야 하듯, 뇌의 감정 회로도 원활히 흐를 때 건강하다. 스트레스와 수면 부족, 과도한 자극은 편도체를 과열시킨다. 더불어 이마 안쪽 대뇌피질의 앞부분이자 총사령관 역할을 하는 전전두엽을 지치게 한다. 그 결과 감정의 신호체계가 무너지고, 우리는 이유 없는 불안과 예민함에 휩싸인다.

실제로 도시 거주자는 농촌보다 우울증 발병률이 39%, 불안장애는 21% 더 높다는 연구도 있다 (Meyer-Linden berg, Nature, 2011).

『도시에서 만난 뇌건강 인문학』은 막힌 도로를 다시 여는 회복의 지도다. 명상은 멈춘 신호등을 켜는 일이며, 감사 일기는 전두엽의 길을 넓혀 사고를 정돈한다. 예술 활동은 뇌 안에 새로운 골목길을 만들어 사고의 폭을 확장한다. 도시의 교통망을 정비하듯 뇌의 회로를 돌볼 때, 우리는 다시 숨쉬기 시작한다.

회복의 도시, 치유하는 뇌

바쁜 도시 일상에서 주변의 소리, 빛, 냄새 등 감각을 다시 느낄 때, 뇌는 안정되고 우리의 삶도 균형을 되찾는다. 이러한 회복의 경험이 가능한 도시는 잠시 멈추어 자신을 돌볼 수 있는 쉼의 공간이다.

각 도시는 저마다의 회복 방식이 있다. 서울의 문화는 공존과 공감을, 파리의 예술은 감정을 부드럽게 어루만지며, 뉴욕의 공원은 과열된 정서를 안정시킨다. 로마의 골목은 역사를 되살리고, 도쿄의 빛은 일상의 리듬을 되찾게 하며, 베를린은 상처를 예술로 치유한다. 헬싱키의 숲은 마음의 호흡을 고르게 하고, 바르셀로나의 웃음은 사람과 사람을 잇는 온기를 되살린다.

-공감의 도시, 서울

서울은 과거와 현재가 공존하는 도시다. 궁궐의 처마와 빌딩 숲이 한눈에 들어오고, 조용한 청계천 물소리와 번화한 거리의 광고음이 동시에 들려온다. 빠른 산업 성장과 분단의 역사를 지나온 서울은, 늘 움직이면서도 멈추지 않는 도시다. 지하철의 속도, 스마트폰의 진동, 네온사인의 빛 속에서 사람들은 하루에도 수십 번 감정의 파도를 넘는다.

그럼에도 이 도시는 서로의 마음을 잇는 힘이 있다. 드라마, 음악, 공연 등 K-컬처를 통해 공감의 언어로 연결된다. 슬픈 장면에 눈물이 나고, 아이돌의 무대에 함께 환호할 때, 뇌는 거울뉴런(mirror neuron)이 활성화되어 타인의 감정을 나의 감정처럼 느낀다.

UCLA의 사회신경과학자 매튜 리버만(Matthew Lieberman)은 공감할 때 감성과 이성을 연결하는 뇌의 전측대상피질(ACC)이 활발히 작동하며, 그 순간 '나는 혼자가 아니다'라는 심리적 안정감을 느낀다고 했다.

홍대의 버스킹, 광화문의 촛불, 콘서트장의 함성 속에서도 공감의 에너지를 느낀다. 사람들을 서로 이어주는 뇌의 공감 회로인 '사회적 시냅스(social synapse)'를 통해 감정을 주고받는다. 감정의 교류는 스트레스 호르몬인 코르티솔을 낮추고, 행복 호르몬인 도파민과 옥시토신 분비를 늘려 만족감과 유대감을 높인다.

서울은 급속한 변화에서도 감정이 연결되는 도시다. 공감의 진동이 사람과 사람을 잇고, 그 연결이 피로한 뇌를 회복시킨다.

-예술의 도시, 파리

파리는 걷는 것만으로도 감각이 살아나는 도시다. 센강의 빛, 카페의 음악, 루브르의 고요한 분위기는 일상의 소음을 부드럽게 씻어낸다.

센강 다리 위에서 흐르는 빛을 바라보면 마음이 차분해지고 생각이 정리된다. 센강을 따라 반짝이는 빛은 시각적으로 부드러운 자연광(soft light)에 가깝다. 햇빛과 반사광은 뇌의 시각피질과 시상하부를 자극해 행복 호르몬인 세로토닌 분비를 촉진하여 기분을 안정시킨다.

파리의 카페에서는 종종 느린 재즈나 샹송이 흘러나온다. 음악을 듣고 있으면 시간이 잠시 멈춘 듯 마음이 평온해진다. 음악은 뇌의 소리를 해석하는 부위인 '청각피질'를 자극해, 감정의 리듬을 완화하고 편도체의 긴장을 낮춘다. 또한 느린 음악을 들으면, 뇌파가 각성상태(베타파)에서 이완 상태(알파파)로 전환되어 마음이 안정된다. 뇌파는 뇌의 상태를 보여주는 전기의 리듬으로 빠를수록 긴장한 상태, 느릴수록 안정된 상태를 뜻한다.

루브르의 작품 앞에 서면 그림을 보는 것을 넘어 감정을 경험한다. 예술 작품을 볼 때 뇌는 색과 형태만 인식하지 않는다. 감정을 담당하는 변연계와 타인의 감정을 공감하는 거울 뉴런이 함께 작동해, 작가의 감정을 내 감정처럼 느끼게 된다. 다빈치의 모나리자를 볼 때 느껴지는 미묘한 미소나 에드가르 드가의 발레리나에서 전해지는 긴장은, 뇌가 공감의 감정으로 반응하기 때문이다. 이처럼 아름다움을 느낄 때 뇌는 편안해지고, 감정의 균형이 회복된다.

하루의 피로가 깊을수록, 그림 한 점이나 음악 한 곡이 뇌를 깨우고 마음을 다독인다.

예술은 감정을 회복시키는 가장 인간적인 치유다.

-속도의 도시, 뉴욕

뉴욕은 늘 빠르다. 엘리베이터 문이 닫히기 전에 다음 일정을 생각하고, 거리를 걷는 사람들은 서로 부딪쳐도 속도를 늦추지 않는다. 이런 도시 중심에 숨 쉴 수 있는 틈새 공간, 센트럴파크가 있다.

맨해튼 한가운데 4km 길이로 펼쳐진 이 공원은 거대한 숲과 호수, 산책길, 잔디밭이 어우러진 도시 속 자연의 섬이다. 마치 회색 도시의 한가운데 심장을 두듯, 센트럴파크는 뉴욕의 분주한 하루를 잠시 멈추게 한다.

도심 속 자연은 뇌의 피로를 줄이고, 주의력과 집중력을 회복시킨다. 미시간대 환경심리학자 스티븐 카플란(Kaplan, 1995)은 초록빛 풍경이나 자연을 바라보는 짧은 시간만으로도 인지적 피로가 감소하고, 집중력이 회복된다고 밝혔다.

초록색, 빛, 바람 등 자연의 자극은 뇌를 '경계 모드(긴장)'에서 '휴식 모드(이완)'로 전환해 스트레스 반응이 감소 한다. 점심시간 10분, 공원의 벤치에 앉아 하늘과 바람을 바라보는 시간. 그 잠깐의 멈춤이 마음의 속도를 되찾게 한다.

-역사의 도시, 로마

로마를 걷다 보면 돌담 하나에도 세월의 흔적이 느껴진다. 콜로세움의 거대한 벽돌과 아치형 구조, 분수대의 섬세한 조각, 좁은 골목길에서 퍼지는 고유한 향기까지 모두 과거의 이야기를 전하는 시간의 흔적이다.

콜로세움은 기원후 72년부터 약 8년간 걸려 완공된 고대 로마의 원형 경기장으로, 최대 5만에서 8만 명의 관중을 수용했다. 고대에는 검투사들의 싸움, 동물 사냥, 모의 해전 등의 무대였고 이후에는 교회, 요새, 석재 채굴터 등 여러 기능으로 변모했다. 이렇게 오랜 세월을 견뎌온 건축물 앞에 서면, 우리의 뇌는 과거의 삶과 감정을 함께 불러낸다.

유적은 오랜 역사 안에 담긴 인간의 삶과 시간을 느끼게 하며, 동시에 나의 삶을 돌아보게 한다. 이때 뇌의 해마는 오랜 역사의 시간과 지금의 나를 자연스럽게 이어준다. 오래된 돌벽을 바라보며, '나는 어떤 흔적을 남기며 살아 가는가'를 떠올린다. 더불어 내가 걸어온 길과 앞으로의 방향을 다시 그려본다. 유적은 과거의 기록이면서, 동시에 나를 비추는 거울이다. 우리가 그 앞에서 멈춰 서는 이유는, 역사를 통해 나 자신을 다시 보기 위함이다.

콜로세움과 로마의 돌길은 그렇게 역사의 기억과 내 삶의 의미를 이어주는 길이 된다.

-빛의 도시, 도쿄

도쿄는 멈추지 않는 도시다. 화려한 네온사인과 끊임없는 소음, 사람들의 빠른 움직임이 뇌를 항상 깨어있게 만든다. 이런 환경에서는 코르티솔이 증가하고, 수면의 질은 떨어진다. 이로 인해 도쿄는 슬로우 호텔, 수면 카페, 명상바 등 뇌의 휴식을 제공하는 공간이 새로운 문화로 자리 잡고 있다.

밤의 조명을 낮추며 소음을 줄이고, 느린 음악을 들으면 편도체의 긴장이 완화되어 뇌가 안정을 되찾는다. 깊은 잠이 들면 글림프 시스템(Glymphatic System)이 활발히 작동하여 하루 동안 쌓인 뇌의 노폐물을 씻어내어 감정의 피로를 풀어준다.

빛을 줄이고 어둠을 회복하는 그 단순한 변화가 현대인의 뇌를 가장 자연스럽게 치유한다.

-회복의 도시, 베를린

베를린은 상처 위에 세워진 도시다. 전쟁과 분단의 흔적을 숨기지 않고 예술로 드러냈다. 거리엔 벽화가 그려지고 음악이 흐르며, 기념관이 세워졌다. 사람들은 아픈 역사를 지우려 애쓰지 않고 새로운 의미를 전한다.

베를린 중심부의 베르나우어 슈트라세 기념관(Berlin Wall Memorial)은 과거 동독과 서독의 경계 구역에 만들어진 역사 공간이다. 전시 공간과 실제 현장이 이어져 구체적이고 생생한 증언을 볼 수 있다. 약 70m에 이르는 실제 장벽의 일부와 탈출 시도가 이뤄졌던 '데스 스트립(Death Strip)'과 감시탑이 있다. 도로변을 따라 설치된 '베를린장벽 위의 야외벽화갤러리(East Side Gallery)'는 정보 패널과 사진, 영상들이 분단 이전의 장벽 건설부터 탈출 시도, 장벽 붕괴까지의 과정을 보여준다. 방문객은 역사의 현장감과 함께, 긴장과 이완의 감정적 반응을 경험한다. 장벽으로 인해 어떤 삶을 살았으며, 그 벽이 무너지며 무엇이 바뀌었는가의 이야기는 자유의 소중함과 인간의 회복력을 일깨운다. 장벽이 단절시킨 것은 '관계'였다.

아픔을 덮지 않고 문화로 승화한 베를린의 음악과 예술은 삶에 새로운 의미를 불어넣었다. 상처는 여전히 남아 있으나 인간의 의지는 더 단단해졌다. 그래서 베를린은 강한 도시다.

-숲의 도시, 헬싱키

핀란드의 수도 헬싱키는 숲의 도시다. 도심에서 쉽게 만날 수 있는 생활 속 자연이다. 도시 면적의 약 40%가 숲과 공원으로 이루어져 있으며, 어디서든 걸어서 10분이면 나무와 바람이 있는 공간에 닿을 수 있다. 바다와 숲, 호수가 함께 있는 도시로 물과 녹지가 조화를 이루는 곳이다. 도시와 인접한 곳에 크고 작은 호수와 바닷가가 약 300개 이상 분포되어 있다.

대표적인 숲은 누크시오 국립공원(Nuuksio National Park)으로, 도심에서 불과 30분 거리에 있다. 이곳에는 호수와 자작나무 숲, 산책로가 이어져 있고, 시민들은 출근 전이나 퇴근 후에도 가볍게 들러 걷거나 자전거를 탄다.

헬싱키의 사람들은 숲을 생활의 일부로 둔다. 출근길에 들른 호숫가, 주말에 걷는 자작나무길은 마음의 안식처다. 이런 생활 습관이 스트레스를 낮추고, 뇌의 안정 리듬을 회복시킨다. 헬싱키의 숲은 도시가 숨 쉬는 방식이자 마음을 다독이는 공간이다.

핀란드 헬싱키대 연구는 정기적으로 숲을 방문하는 사람들의 코르티솔 수치가 낮아지고, 수면의 질이 높게 나타났다고 한다. 녹색빛은 눈과 뇌를 편안하게 만들며, 나무에서 나오는 피톤치드 향은 몸의 긴장을 풀어 마음과 뇌가 자연스러운 평온을 찾게 한다.

자연은 뇌의 생체 리듬을 회복시킨다. 불규칙해진 호흡과 심박이 숲의 공기와 빛을 만나면 서서히 안정된다. 그들은 숲을 걷고, 바람을 느끼며 하루를 시작한다. 그 단순한 습관만으로도 뇌의 긴장이 풀리고 마음이 편안해진다.

-광장의 도시, 바르셀로나

바르셀로나의 골목은 늘 사람으로 가득하다. 예술과 공동체가 어우러진 세계적인 축제로 거리의 음악, 카페의 웃음, 광장의 대화는 마음을 이어주고 서로에게 따뜻함을 느끼게 한다.

바르셀로나에서 가장 큰 도시 축제로, 수호성인 메르세(La Mercè)를 기리는 '라 메르세 축제(La Mercè Festival)' 기간은 도시 전역에서 퍼레이드, 거리 공연, 불꽃놀이가 펼쳐진다.

카스텔(Castell)이라 불리는 인간 탑 쌓기가 하이라이트로, 협동과 균형의 상징이다. 밤에는 건물 외벽에 빛과 영상이 어우러진 미디어 쇼가 열려, 예술과 과학이 결합한 도시의 대표 축제다. 이와 함께 진행되는 '코레포크(Correfoc, 불의 행진)' 축제는 악마 복장을 한 사람들이 불꽃을 들고 거리 행진하는 전통 행사다. 불빛과 리듬, 사람들의 움직임이 뇌의 도파민 분비를 촉진해 스트레스 해소와 정서적 해방감을 준다.

하버드 의대 정신과 교수 로버트 월딩거(Robert Waldinger) 연구팀의 80년 장기 종단 연구(Grant & Glueck Study)는 좋은 인간관계가 신체 및 정신건강과 행복을 결정짓는다고 한다.

바르셀로나의 축제는 뇌과학을 일상으로 옮긴다. 광장에서 함께 춤추고 노래하며 웃는 순간, 사람들 사이의 감정이 연결되며 사회적 시냅스가 작동한다. 서로 믿고 대화하는 관계에서, 신뢰의 호르몬인 옥시토신이 분비되어 유대감을 느끼고, 공감과 판단을 관장하는 전두엽의 기능이 회복된다. 축제의 흥겨움은 사람과 사람을 이어주는 뇌의 치유 과정이다.

도시는 살아 있는 생명체다. 낡은 건물의 벽과 새로 지은 유리 건물, 거리를 채우는 소음과 음악 등 그 모든 것이 도시를 만든다. 우리의 뇌도 다르지 않다. 하루에도 수백 가지 정보와 감정이 쏟아진다. 지친 뇌는 스스로 회복의 길을 찾는다. 그래서 우리는 종종 여행을 떠나거나 익숙한 골목을 천천히 걸으며, 오래된 벽화 앞에 잠시 멈춰 선다. 우리의 뇌는 새로운 공기를 들이마시듯, 감정과 기억을 다시 정리하고 새롭게 엮는다. 스스로 치유하고 생기를 찾은 사람들로 도시는 다시 살아난다.

거리의 풍경을 따뜻하게 바꾸는 것은 카페에서 나눈 미소 한 번, 버스 정류장에서의 양보 한 번 등의 작은 순간들이다. 누군가의 친절한 말과 가벼운 웃음, "괜찮아요"라는 한마디는 우리 안의 긴장을 풀고 마음을 안정시킨다. 불안을 진정시키고, 면역력을 높이며 몸 전체를 편안하게 만든다. 이렇듯 사람과 사람 사이에 흐르는 온기가 도시의 공기를 바꾸고, 뇌의 리듬을 고르게 만든다. 사람이 회복될 때, 도시도 다시 숨을 쉰다.

에필로그

사람의 뇌는 도시와 닮아 있다. 수십억 개의 시냅스가 서로 연결되어 소통하듯, 도시도 수많은 사람과의 관계가 이어지며 살아 움직인다. 뇌는 신경세포들이 서로 연결되어야 생각과 기억이 유지된다. 도시도 이와 같다. 사람 간의 연결이 끊어지면, 관계가 멀어지고 공동체의 의미가 사라진다.

『도시에서 만난 뇌건강 인문학』은 도시 안에서 인간의 뇌를 이해하고, 감정과 관계를 회복하는 인문학적 여정이다. 뇌를 이해한다는 것은 '도시 속의 나'를 이해하는 일이다. 도시의 뇌를 이해하는 순간, 감정과 관계를 지키며 따뜻한 인간성을 회복할 수 있다.

도시의 발전은 기술적 진보로 이루어지나, 인간의 발전은 공감하며 관계를 맺고 성장하는 과정에서 완성된다. 뇌를 통해 도시를, 도시를 통해 인간을 바라보아야 할 시대다.

"He who has health has hope;
and he who has hope has everything."

Arabian Proverb

전혜주

문학가 · 스토리텔러

교육학을 전공하고 대학원에서 심리치료교육을 공부했다.

20여 년 동안 어린이·청소년·노인·장애인을 대상으로 그림책과 스토리텔링 강의를 이어오며, 세대 간의 경험과 감정이 만나는 지점을 탐구해왔다. 그림책을 통해 인간의 마음, 기억, 상처, 회복이 어떻게 연결되는지를 지속적으로 연구하고 있으며, 현장에서 마주한 다양한 삶의 이야기를 인문학적 사유로 확장하는 작업을 하고 있다.

공저 소설『인생의 조각 시간을 걷는 사람들』, 시집『청연하다』를 출간했다. 이야기를 쓰고, 나누고, 기억하는 행위가 한 사람의 내면을 비추는 인문학의 길이라 믿는다.

그림책 치유 인문학
한 권의 그림책, 마음의 여행

전혜주
storyjhj@kcnews.kr

「그림책 치유 인문학
한 권의 그림책, 마음의 여행」
- 전혜주

프롤로그

한 장의 그림책, 마음의 문을 여는 인문학

그림책은 인간의 감정과 사유가 만나는 자리에서 태어난다. 우리는 한 장면을 바라보는 동안 단순히 그림을 보는 것이 아니라, 기억을 불러오고 감정을 감지하며 마음의 움직임을 따라간다. 한 장을 넘긴다는 것은 어린 시절의 나에게 잠시 손을 내밀어 함께 걷는 일이다. 누군가의 웃음, 잃어버린 시간, 스쳐 간 관계의 온기. 모든 것이 한 장면 속에 스며 조용한 떨림으로 되살아난다.

어린 시절 우리는 그림책에서 언어 이전의 세계를 배웠다. 말로 하기 어려운 감정도, 설명할 수 없는 기분도, 그림 하나에 담긴 색감과 리듬을 통해 자연스럽게 받아들였다. 그때의 감각은 쉽게 사라지지 않는다. 오히려 삶이 복잡해지고 마음이 분주해질수록, 그림책은 잊고 지낸 내면의 목소리를 다시 데려온다.

그림책은 어린이만의 책이 아니다. 어른의 마음 또한 그림에서 쉬어가고, 글에서 멈춰 서고, 여백에서 다시 천천히 걸음을 내딛는다. 짧은 글과 섬세한 그림 속에는 말로 다 표현할 수 없는 마음의 결이 숨어 있다. 그래서 그림책은 단지 읽는 책이 아니라, 감각을 깨우고 마음을 가라앉히며 사유를 불러오는 '감각의 인문학'이다.

한 장면 속 색채는 때로 말보다 더 많은 것을 이야기한다. 인물의 시선은 관계의 온도를 드러내고, 배경의 흐름은 우리가 놓치고 살아온 감정의 움직임을 보여준다. 그 모든 요소가 어우러져 그림책은 우리에게 묻는다.

"지금 당신의 마음은 어디에 머물고 있는가?"

그 질문 앞에서 우리는 잠시 멈추게 된다. 그리고 그 멈춤 속에서, 살아온 시간과 잊어버린 마음을 다시 바라보게 된다. 그림책은 그 조용한 순간에 우리를 이끈다.

그림책, 언어의 문을 열다

그림책은 언어의 한계를 넘어선 '제3의 언어'다. 글이 다 하지 못한 말을 그림이 이어주고, 그림이 남긴 침묵을 글이 가만히 완성한다. 이 둘이 만나는 순간, 우리는 언어와 비언어의 경계를 넘는 경험을 한다.

아이에게 그림책은 세상을 배우는 첫 번째 언어다. 아직 말이 서툴고 마음이 말보다 먼저 움직일 때, 그림은 언어보다 깊은 이해의 문을 연다. 반대로 어른에게 그림책은 잊힌 감정을 다시 발견하게 하는 통로가 된다. 한때 분명히 알고 있었지만 시간이 지나며 희미해진 감정들, 마치 오래된 필름 속에 숨어 있던 마음의 장면들이 그림을 통해 다시 빛을 얻는다.

그림책 읽기는 단순한 의미 파악이 아니다. 그림을 보는 행위는 마음의 미세한 떨림을 감지하는 작업이다. 색감은 정서의 온도를 만들고, 형태는 감정의 흐름을 보여준다. 문장은 그 그림이 품고 있는 사유를 조용히 말해준다. 이때 우리는 단지 책의 내용을 읽는 것이 아니라, 자신의 내면을 함께 읽게 된다.

그림책이 열어주는 언어의 문은 감정과 생각이 하나의 공간을 이루는 자리다. 우리는 그 안에서 또 하나의 언어를 배운다. '마음의 언어'다. 보이지 않지만 분명히 존재하는, 설명할 수 없지만 느껴지는 언어. 그 언어를 만나는 순간, 그림책은 비로소 우리의 마음속에서 새로운 의미로 살아난다.

인간을 비추는 거울, 그림책

그림책은 인간을 이해하는 또 하나의 거울이다. 짧고 단순해 보이는 이야기 속에서 우리는 인간의 기쁨과 슬픔, 두려움과 용기, 관계와 상실, 치유와 희망을 마주한다. 그림책 속 인물은 단순한 캐릭터가 아니라 우리 안의 또 다른 '나'다.

어른이 그림책을 읽는 이유는 단지 어린 시절의 기억을 떠올리기 위함이 아니다. 그림책은 '내 안의 아이'를 다시 만나게 한다. 어쩌면 오랫동안 잊고 지냈던 감정일 수도 있고, 바쁘게 살아가느라 제대로 들여다보지 못했던 마음일 수도 있다. 그림책은 그 묵혀둔 마음을 조용히 비춘다.

관계 역시 그림책에서 중요한 주제다. 한 장면에서 나누는 눈빛 하나, 손을 잡는 장면 하나가 관계의 깊이를 보여주곤 한다. 짧은 글이 전하는 따뜻한 위로, 그림이 말하는 조용한 배려는 우리가 어떤 존재로 살아가야 하는지를 다시 생각하게 한다.

그림책을 읽는 과정은 결국 '타인을 이해하는 연습'이기도 하다. 또한, 우리는 등장인물을 따라가며 그들의 마음을 헤아리고, 때로는 그 속에서 나 자신을 발견한다. 결국 그림책은 인간의 내면과 타인을 함께 비추며, 관계적 존재로서의 인간을 다시 바라보게 한다.

마음을 치유하는 이야기의 힘

그림책은 치유의 언어다. 짧은 이야기 속에서도 상처받은 마음을 품고, 색채의 흐름과 장면의 리듬은 감정을 조용히 어루만진다. 심리학에서는 이야기하기가 자기 이해와 치유의 핵심적인 통로라고 말한다. 그림책은 그 이야기를 가장 순수한 형태로 품고 있다.

아이와 어른이 함께 그림책을 읽는 순간, 그 공간은 대화의 장이 된다. 책을 매개로 나누는 질문과 응답, 그림을 보며 나오는 짧은 감탄과 웃음, 때로는 말하지 않아도 전해지는 감정의 흐름. 그 모든 것이 치유의 일부다.

치유는 번쩍이는 변화가 아니다. 마음이 천천히 자리를 찾는 과정이며, 여백 속에서 자신의 마음을 바라볼 수 있게 되는 시간이다. 그림책은 그 시간을 조용히 만들어준다.

이를 보여주는 예가 있다. 『산에 가자』에서 딸은 산길을 오르며 동물 흉내를 내고 억새를 흔든다. 아빠는 딸의 속도에 맞추어 묵묵히 걸음을 옮긴다. 말은 적지만, 그림은 말보다 깊은 교감을 보여준다. 함께 걷고, 함께 멈추고, 함께 바라보는 그 순간들이 이미 치유의 완성이다.

치유는 거창하지 않다. 작은 눈빛 하나, 짧은 문장 하나, 따뜻한 장면 하나 속에서 우리는 마음을 회복할 힘을 얻는다. 그래서 그림책은 일상의 치유서이자 마음을 돌보는 가장 조용한 방식이다.

철학이 머무는 자리, 그림책

그림책은 우리를 생각하게 하는 책이다. 그림 한 장, 문장 한 줄 속에 담긴 의미는 때로 두껍고 난해한 철학서보다 더 깊은 질문을 건넨다.

"나는 누구인가."

"나는 어떻게 살아가고 있는가."

"지금 내 마음은 어디에 머물고 있는가."

이런 질문들은 거창해 보이지만, 사실은 우리가 일상에서 자연스럽게 마주하는 사유의 시작점이다.

철학은 삶을 바라보는 시선, 관계를 이해하려는 마음, 자신을 돌아보는 순간의 멈춤 속에서 조용히 스며든다. 그림책은 그 철학적 사유를 어린이의 언어로 낮추어 놓고, 동시에 어른의 마음속에서는 더 깊은 성찰로 자라나게 하는 매개체다.

한 권의 그림책은 때로 한 편의 시와 닮아 있다. 그림 속 사유는 언어의 경계를 넘어 흐르고, 문장 속 감정은 시간의 결을 지나 마음에 오래 머문다. 그래서 그림책을 읽는다는 것은 단순한 감상의 행위를 넘어, '삶을 어떻게 바라볼 것인가'를 다시 배우는 일이다.

짧은 이야기 속에서도 질문은 살아 있고, 그 질문은 독자의 마음을 흔들며 새로운 생각으로 이끈다. 그림책은 철학이 멈추는 자리가 아니라, 다시 숨쉬기 시작하는 자리다. 가볍게 넘긴 장면 하나에서도 우리는 삶의 의미를 새롭게 발견하게 된다.

에필로그

마음이 머무는 자리

그림책은 짧지만, 여운은 길다. 책장을 덮고 한참이 지나도 장면과 문장은 마음속에서 조용히 말을 건다. 그림책은 '삶을 바라보는 태도'를 가르쳐 준다. 조급하지 않게, 한 장면씩 바라보며, 작은 것 속에서 더 큰 의미를 발견하도록 이끈다.

나는 그림책을 읽을 때마다 나 자신에게 묻는다.

"이 이야기는 지금 내 안의 어떤 마음을 흔들고 있는가?"

그 질문의 끝에는 언제나 '나'가 있다. 그림책은 세상을 바꾸진 않는다. 그러나 그림책을 읽는 마음은 세상을 다르게 보게 한다. 『그림책 치유 인문학』은 그 마음의 여정을 기록한다. 그림의 결을 따라 마음의 문을 열고, 그 안에서 또 하나의 나를 만나는 시간.

그 시간이 우리를 천천히 성장시키고, 더 깊은 삶으로 이끈다.

그림책은 언제나 우리 곁에 있고, 우리는 그 그림책과 함께 여전히 배우는 존재로 살아간다.

"A healthy outside starts from the inside."

Robert Urich

한수민 작가는 푸른나래 교육센터 대표이자, KCN뉴스 울산지국 교육이사로 활동하고 있다. 아이들에게 글을 읽고 쓰는 것, 그리고 생각하는 것에 대한 교육을 하면서 교육의 본질과 가치에 대해 끊임없는 연구를 하고 있다. 급변하는 이 시대에 결국 인간이 갖추어야 하는 것이 무엇인지를 함께 공감하고 이야기 나누고 싶다.

숫자 인문학

숫자, 가장 이성적인 영역에서 만나는 인간의 이야기

한수민
booktong84@naver.com

「숫자 인문학
숫자, 가장 이성적인 영역에서 만나는 인간의 이야기」
- 한수민

프롤로그

숫자는 무엇일까

매일 아침, 알람 소리에 눈을 뜬다. 손끝으로 스마트폰 화면을 스치며 시간을 확인한다. 날짜가 명확한 날도 있지만 그렇지 않은 날에는 달력 속 오늘의 날짜를 찾아본다. 자연 속에서 자유롭게 살고 있는 인간들을 제외하고는 대부분 비슷하게 하루를 시작할 것이다. 시간, 날짜 모두 숫자로 되어 있다.

어느 날 아침은 집 밖으로 나가야 하는 (예를 들어) 8시가 즐겁고 상쾌하게 느껴지고, 어느 날은 시계에 보이는 8시가 세상에서 제일 커다란 돌덩이의 8로 보이면서 우울하고 힘겹기만 하다. 달력에 동그라미 처져 있는 혹은 스마트폰 위젯의 달력에 핑크색으로 표시된 이날은 어떤 이에게 잊을 수 없는 날짜이다. 그 날짜의 숫자는 당사자에게 너무나 특별하다. 숫자는 그렇게, 시간과 날짜를 표시하는 기호를 넘어 기억과 감정의 언어가 된다.

매주 토요일 저녁, 대한민국의 꽤 많은 사람이 기다리는 것이 있다. 로또 당첨 발표 시간. 손에 쥔 복권 한 장. 여섯 개의 숫자를 바라보며 각자의 소망을 건다. 누군가는 생일을, 누군가는 기념일을, 또 누군가는 그냥 '느낌이 좋다'는 이유로 고른 숫자들이다.

이처럼 0부터 9까지 조합된 숫자에 인간은 모두 각자 다르게 느끼고 다르게 생각한다. 아주 이성적인 숫자에 인간들이 각자만의 이유로 감성(感性)을 넣은 것이다.

그렇다면 숫자는 무엇일까.

아주 오래전, 구석기 시대로 거슬러 올라가면 인간은 사냥하며 살았다. 그때의 인간은 사냥감 '몇 마리를 잡았는가'를 알고 싶어 했다. 그것이 숫자의 시작이었다. 생존을 위해 무언가를 세는 것으로 사용했던 수는 시간이 흐르며 문자로, 개념으로, 그리고 결국 인간이 '의미'를 부여하는 상징적인 것으로 자리 잡았다.

이제 숫자는 단순한 계산의 도구가 아니다. 시험이 끝나면 나오는 등수, 사회로 나가면 받게 되는 연봉, SNS 게시물의 '좋아요' 수 등으로 우리를 평가한다. 숫자는 이처럼 차갑지만, 그 안에는 인간의 열망이 있다. 잘 살고 싶고 인정받고 싶은 마음, 사랑받고 싶다는 소망.

여러 나라의 문화와 역사 속에서 등장하는 숫자 중 서양에서 행운의 숫자로 주목받는 7, 동양에서 완전함을 상징하는 3, 죽음이 연상되는 4 등 인간의 길흉화복을 상징하는 숫자가 있다. 숫자는 이처럼 인간의 두려움과 희망, 믿음과 상징이 얽힌 언어다. 숫자는 가장 이성적인 언어이면서 동시에 가장 인간적인 언어다.

백인백색(百人百色)이라는 말이 있다. 백 명의 사람이 백 가지 색깔을 가지고 있다는 뜻이다. 숫자도 저마다 다른 이야기를 간직하고 있다. 숫자가 계산을 넘어, 삶을 헤아리고, 관계를 잇고, 마음을 위로하며 따듯함과 안도감을 선사하는 인문학적 언어로 변모하는 이야기를 함께 해보려 한다.

K-컬처 속 숫자 3의 이야기

K-컬처 중에서도 현재 최고의 인기를 누리고 있는 케이팝 데몬 헌터스에서 숫자 3의 이야기를 시작해 보려 한다. 악으로부터 사람들을 구하는 헌터릭스가 주인공이다. 현재의 헌터릭스가 있기 전 오랜 과거에서부터 존재했던 3명의 여성. 이 들을 부르는 이름은 모두 다르고 시대별로 구성원도 다르지만, 악으로부터 사람들을 구한다는 것과 항상 3명으로 구성되었다는 것은 절대 변하지 않는다.

한국 문화에서 숫자 3이 의미하는 것이 있다. 우리 민족은 언제부터인지는 몰라도 숫자와 더불어 생활해 오면서 어떤 수는 길수(吉數)로서 선호하는 경향이 있고 또 어떤 수는 일부러 꺼리기도 한다. 그런 생활 태도 속에서 숫자와 관련하여 나름의 독특한 문화를 형성했다. 우리 민족에게 숫자가 어떤 상징성을 가졌는가를 살펴보면 먼저 숫자에 음양 사상을 부여하고 있다는 것을 알 수 있다. 1 · 3 · 5 · 7 · 9는 양수(陽數) 화하여 길수로 여겨왔고, 2 · 4 · 6 · 8을 음수(陰數)로써 양수에 비해 대단치 않게 생각한다. 그래서 민속 명절을 정할 때도 1월 1일은 설, 3월 3일은 삼짇날, 5월 5일은 단오절, 7월 7일은 칠석, 9월 9일은 중양절로 삼았다.

그런데 이 양수 가운데서도 특별히 3을 최상의 숫자로 생각해 왔던 것이 우리 민족의 수(數) 관념이다. 그 이유는 3은 최초의 양수인 1과 최초의 음수인 2가 결합하여 생긴 수이기 때문이다.

1은 아무 숫자와 섞이지 않는 순수한 양의 숫자인 동시에, 그것이 최초의 수이기 때문에 사물의 시작을 의미한다. 2는 하나가 아닌 처음의 숫자인 동시에 순수한 음(純陰)의 수이다. 이렇게 최초의 양수와 최초의 음수가 합해진 3은, 음양의 '조화'를 이루어 탄생한 수다.

음양 사상에 이어 삼재 사상에서의 숫자 3은 이렇다. 삼재 사상은 우주 만물 근원을 하늘(天), 땅(地), 사람(人)으로 보는 사상이다. 천, 지, 인 이 세 요소가 균형을 이룰 때 비로소 완전한 질서와 생명력이 발현된다고 한다. 숫자 3은 이 세 요소를 모두 포괄하는 완성된 수인 것이다.

조화와 화합을 나타내는 수인 까닭에 3은 완벽함을 상징한다. 그런가 하면 양과 음이 결합했으니 당연히 생산이 따르고 생산은 바로 새로운 생명의 탄생이다. 그것은 곧 변화를 의미한다.

일상생활 속 숫자 3의 이야기

응애응애, 울음소리로 세상에 존재를 알리며 태어나는 아기. 아기의 탄생에서부터 우리는 숫자 3을 만날 수 있다.

"삼신할매가 점지해 주려나!"

누구나 한 번쯤 들어본 말이다. 여기서 '삼신(三神)'은 보통 세

분의 신을 의미하는 것으로 해석되지만, 동시에 세 가지 기능을 가진 하나의 신으로 보기도 한다. 이 삼신은 인간의 생명 주기에 깊숙이 관여한다.

하나는 점지신, 생명을 점지해주는 존재. 둘째는 출산신, 순산과 해산을 돕는 존재이고, 마지막은 양육신으로 아기가 무사히 자라도록 복(福)과 수명을 보살피는 존재다.

삼신의 가장 중요한 역할은 산모와 아기의 생명을 보호하는 것이다. 우리는 산모가 아이를 낳고 3일 혹은 삼칠일 동안 삼신이 집 안에 머물며 아기를 지켜준다고 믿었다. 삼신이 아기를 지켜주는 동안 우리는 아이의 건강을 바라며 삼신상을 차린다. 삼신상은 미역국, 쌀밥, 정화수를 세 그릇씩 준비하는 것이 일반적이었다. 숫자 3은 이렇게 생명이 시작되는 장면에서부터 등장한다.

아이가 조금 자라 친구들과 놀이를 하며 세상을 배워갈 때도 3은 여전히 곁에 있다.

"가위, 바위, 보!"

무엇인가를 정할 때 가장 쉬운 방법으로 가위, 바위, 보를 선택한다. 그리고 대부분 "삼세판"이라 말하며 세 번의 기회가 주어진다. '삼세판의 가위바위보'는 단지 옛날서부터 그냥 해오던 것이 아니라, 심리학적으로도 의미가 있다. 심리학자들은 인간이 새로운 행동 패턴을 형성하기까지 최소 3번의 반복이 필요하다고 말한다. 첫 번째는 탐색, 두 번째는 학습, 세 번째는 습관화다. 이 과정이 바로 한국의 '삼세번'이라는 생활 철학과 맞닿아 있다.

생활 속 속담을 봐도 마찬가지다. 서당 개 삼 년이면 풍월을 읊는다, 세 살 버릇 여든까지 간다, 구슬이 서 말이라도 꿰어야 보배다, 작심삼일(作心三日). 모두 숫자 3이 들어있다. 그 안에서의 3은 한국인의 삶에서 시간의 흐름과 성장, 그리고 완결을 상징한다.

가장 더위가 심한 때를 가리키는 절기인 삼복(三伏)이 있다. 삼복은 초복, 중복, 말복을 통틀어 이르는 말이다. 삼복에서 '복(伏)' 자에 '엎드리다'라는 뜻이 담겨있어, 삼복은 더위에 지쳐 엎드려 있는 때이자, 무더위를 피해야 하는 시기를 의미한다. 이렇게 우리는 더위도 초복, 중복, 말복 세 시기로 나누었다.

아이가 성인이 되고 유독 자주 다치고, 일이 잘 안 풀릴 때가 있다. 그때 주위에서는 모두가 이런 이야기를 한다.

"삼재라서 그래."

우리나라에서는 태어난 해에 따라 정해진 띠가 있다. 이 띠를 십이지신(十二支神)이라 하여 한국을 비롯한 동양 문화권에서 시간, 방위, 그리고 인간의 운명을 지키는 열두 동물의 신을 말한다. 열두 동물은 쥐, 소, 호랑이, 토끼, 용, 뱀, 말, 양, 원숭이, 닭, 개, 돼지로 이루어졌다. 인간의 운명은 십이지신(띠)에 따라 순환하며, 12년 중 9년마다 한 번씩 삼재가 들고, 이 삼재는 3년 동안 지속된다고 여겨진다. 그리고 3년은 들삼재(삼재가 처음 시작되는 해로, 재난과 어려움이 닥치기 시작), 눌삼재(삼재가 한가운데 눌러앉는 해로, 재난이 가장 심하다고 여겨짐), 날삼재(삼재가 끝나는 해로, 재난이 점차 소멸하고 운이 풀리기 시작)로 나뉜다.

생명의 시작에서 놀이의 규칙, 일상생활, 인간의 운명 주기까지,

숫자 3은 언제나 우리 가까이에 머물러 있다.

건국 신화 속 숫자 3의 이야기

우리 민족의 근원 이야기, 단군신화에도 숫자 3이 깊게 새겨져 있다.

하늘의 신, 환인은 하늘 위 삼위태백을 내려다보며, 그의 아들 환웅에게 인간 세상을 다스릴 뜻을 전한다. 환웅에게 세 개의 천부인(天符印)을 주었다. 풍백(風), 우사(雨), 운사(雲) 3신과 무리 삼천 명을 거느리고 내려와 환웅은 태백산 신단수 아래에 신시(神市)를 열고, 하늘과 땅, 인간이 이어지는 세상을 세운다.

그리고 인간이 되고 싶은 곰과 호랑이가 등장한다. 곰과 호랑이는 삼칠일 동안 동굴 속에서 마늘과 쑥을 먹으며 인간이 되기를 기도한다. 여기서 삼칠일은 삼신 이야기에서도 나왔었다. 삼칠일, 21일의 시간은 3이 7번 반복되는 날이고 곰과 호랑이가 인간이 되기를 소망하며 치러야 했던 신성한 금기의 기간이다. 외부의 빛(양의 기운)을 차단하고 어둠(음의 기운) 속에서 인고(忍苦)하며 완전한 변화를 이루어야 하는 시련의 시간을 상징한다. 새로운 생명이 안전하게 태어나고, 인간적인 자격을 갖추는 데 필요한 성숙의 시간인 것이다.

하늘과 땅과 인간, 신과 자연과 사람, 남과 여와 새로운 생명.

이 모든 삼중 구조 속에서 조화의 질서를 이루는 수가 바로 3이다. 숫자 3은 그래서 단군신화 속에서도 단순한 숫자가 아니다. 우주의 원리를 담은 상징, 균형과 창조, 그리고 생명의 연속을 의미하는 수다. 단군신화의 '3'은 결국 인간이 어디서 와서 어떻게 살아가야 하는가에 대한 생각으로 이어진다. 하늘과 땅, 그리고 인간이 어긋나지 않고 함께 존재해야 한다. 그 세 가지 존재의 균형이 바로 숫자 '3'이다.

한국인의 무의식에 새겨진 숫자 3

한 번은 부족하고, 두 번은 불안하며, 세 번은 마음이 놓인다.

한국인은 일상에서 '3'이라는 숫자에 본능적인 신뢰를 느낀다. "삼세번"이라는 말, 생명의 시작부터 함께하는 "삼신", 기운의 흐름을 말하는 "삼재", 짧게 글을 짓는 "삼행시"까지.

숫자 3은 한국인의 사고방식 깊은 곳에 뿌리내린 하나의 '심리적 구조'다.

이러한 숫자 3은 단순히 반복의 미학이 아니다. 우리의 언어, 행동, 예절, 교육, 심지어 정치와 경영 문화에도 '3의 균형'이 적용된다.

하나로는 불안하고, 둘로는 경쟁이 생기며, 셋이 되면 조화가 만들어지는 것. 이것이 수천 년간 한국 사회를 지탱해 온 심리적 토대였다.

한국 속담에 "셋이 모이면 일이 이루어진다"라는 말이 있다. 케이팝 데몬 헌터스에서 악으로부터 사람들을 구하는 3명의 여전사가 다시 떠오른다. '셋이 모인다'는 말은 단순히 인원이 늘어나면 일이 쉬워진다는 의미를 넘어, '조화의 조건'을 상징하는 깊은 철학이 숨어 있다.

에필로그

숫자 3의 인간다움

현대 사회는 '3의 아름다움'을 잃어가고 있다. 속도와 효율이 모든 가치를 압도하면서 '한 번의 성공', '즉시 결과'가 미덕처럼 여겨진다. 그 과정에서 인간의 균형감각은 무너지고, 한쪽으로 쏠린 경쟁과 편향이 사회를 흔든다.

'숫자 3'은 단순한 반복의 권유가 아니다. 그것은 조율과 회복의 리듬이다.

첫 번째 시도에서 배우고, 두 번째 수정에서 균형을 잡고, 세 번째 완성에서 의미를 찾는 과정, 이 순환이 사라진 인간은 불안하다.

둘이 맞서면 갈등이 생기지만, 셋이 되면 그 사이에 공간이 생긴다. 그 틈에서 이해가 피어나고, 창조가 이루어진다.

지금 우리가 다시 '숫자 3의 정신'을 회복해야 하는 이유는 명확하다. 정치의 양극화, 세대 갈등, 일과 삶의 불균형 등 이 모든 문제의 해법은 조화와 균형의 복원이다.

셋이 모여야 비로소 '하나'가 된다. 하늘과 땅, 그리고 인간이 서로를 비추듯 우리의 삶도 일과 휴식, 그리고 성찰이 균형을 이룰 때 아름답다. 숫자 3은 그렇게, 불안한 세상에서 '인간다움'을 유지할 가장 현명한 처방이 될 것이다.

"We are what we repeatedly do.
Excellence, then, is not an act but a habit."

Aristotle

지식창업 은퇴 설계 연구자 · 인문학 강사 · 작가 삶의 전환기마다 우리는 '일'의 의미를 다시 묻습니다. 저는 바로 그 질문에서 출발했다. 은퇴 이후에도 인간답게 일할 수 있을까? 지식과 경험을 어떻게 새로운 가치로 바꿀 수 있을까?

성산효대학원대학교에서 은퇴설계 교육 교수다. 경기대학교 서비스 경영전문대학원 학술포럼 연구위원으로 활동하고 있다. 은퇴설계, 직업 세계 인문학 지식창업을 주제로 강의하고 있다. 은퇴는 끝이 아니라 전환이다. 전환의 힘은 결국 지식과 문화, 그리고 인문학적 사유에서 나온다고 믿는다. K컬처, 케데헌속의 직업 세계 인문학을 강의했다.

현장에서 쌓은 경험을 바탕으로 중장년층이 자기 경력과 이야기를 새로운 직업으로, 새로운 삶의 철학으로 바꾸어가는 길을 제시해 왔다. 지식창업과 퍼스널 브랜딩, 그리고 은퇴 후의 자기 설계는 단지 생계의 문제가 아니라, '존재의 의미'를 다시 세우는 인문학적 실천이다. 책, 강의, 콘텐츠, 기자교육, 등으로 발전시켜 왔다. 현재 지식창업 은퇴 설계 연구소 대표이자 한국지식문화원의 인사총괄이사, KCN뉴스 홍보이사로 활동하며, 시니어 세대의 지식 생태계 구축과 시민 인문학 확산에 힘쓰고 있다. 또한《지식창업 은퇴설계》,《두 번째 인생, 나는 다피 피어난다》,《인문학 강의》 외 11권의 책을 출간했다. 다수의 저서를 통해 '지식과 인문학의 결합'을 꾸준히 탐구하고 있다. 나의 인문학은 추상적인 철학이 아니라, 현장에서 살아 움직이는 삶의 철학이다.

직업 세계 인문학

인간은 어떻게 일하며 세상을 바꾸는가?

황경하
cho@kcbooks.org

「직업 세계 인문학
인간은 어떻게 일하며 세상을 바꾸는가?」
- 황경하

프롤로그

일, 인간의 가장 오래된 질문

우리는 평생 일한다. 아침에 눈을 뜨면 오늘은 어떤 일을 해야 할까를 먼저 생각하고, 밤이 되면 오늘도 잘 버텼다며 자신을 위로한다. 일은 단순한 생계의 수단을 넘어, 인간이 세상과 관계를 맺는 가장 오래된 언어다. 불을 피우던 원시인의 손끝에서, 기계를 다루던 산업노동자의 손끝으로, 그리고 오늘날 스마트폰을 두드리는 우리의 손끝으로 일은 형태를 바꿔가며 인간의 역사를 써왔다. 직업의 세계는 문명의 축소판이며, 인간 정신 진화의 기록이다. 그런데 우리는 정작 일의 본질에 대해 얼마나 알고 있을까? 왜 우리는 평생을 일하면서도, 일의 의미에 대해서는 쉽게 말하지 못할까? 좋은 직업이란 무엇인가? 일의 성공이 행복을 보장하는가? 이 오래된 질문은 시대가 바뀌어도 여전히 유효하다. 《직업 세계 인문학》은 그 질문에 대한 탐색의 기록이다. 이 책은 일의 기술이 아니라, 일의 철학을 이야기한다. 과거의 일은 생존의 수단이었지만, 미래의 일은 존재가 된다. 농경과 산업혁명을 거쳐, 디지털과 인공지능의 시대에 이르기까지 직업의 세계는 끊임없이 변했다. 그 안에서 인간은 언제나 나답게 일하는 법을 찾고자 했다. 이제 우리는 다시 그 본질로 돌아가야 한다. 기계보다 빠르게 일하기보다, 인간답게 일하는 법을 배워야 한다. 속도의 시대를 지나 의미의 시대로 향하는 지금, 직업 세계 인문학은 우리에게 이렇게 묻는다. 당신은 어떤 일을 하고 있습니까? 그리고 그 일은 당신을 어떤 사람으로 만들고 있습니까?

일은 인간의 첫 번째 문명이다

직업의 역사는 곧 인간 문명의 역사다. 우리가 불을 피우고, 도구를 만들며, 언어를 익힌 그 순간부터 일은 시작되었다. 일한다는 것은 단지 생존의 본능이 아니라, 세상을 변화시키고자 하는 인간의 첫 창조 행위였다. 일은 인간이 동물로부터 분리된 가장 확실한 증거였다. 동물은 본능적으로 먹고 쉬지만, 인간은 목적을 세우고 미래를 계획했다. 그 계획 속에는 언제나 무엇을 만들 것인가, 어떻게 더 잘 살 것인가가 있었다.

구석기 시대의 인류는 매일 생존의 싸움이었다. 사냥은 단순히 고기를 얻는 일이 아니었다. 불을 피워 동굴을 밝히고, 날카로운 돌을 만들어 도구로 사용했다. 무리와 협력해 사냥터를 나누는 과정 자체가 이미 노동의 분업과 협업이었다. 이 시기 인류는 도구를 만들며 손의 감각을 발전시켰다. 그 손의 움직임이 뇌를 자극해 사유와 언어의 탄생으로 이어졌다. 즉, 일은 인간의 생물학적 진화와 정신적 진보를 동시에 끌어낸 최초의 문명 활동이었다. 시간이 흐르며 인류는 불확실한 사냥 대신 확실한 삶을 원했다. 그래서 선택한 것이 농경이었다. 씨를 뿌리고, 기다리고, 수확하는 과정은 단순한 노동이 아니라 미래를 설계하는 행위였다.

이때부터 인간은 자연의 흐름을 읽기 시작했다. 달과 별, 계절의 변화를 관찰하며 시간의 개념을 세웠다.

그리하여 일은 단순한 몸의 노동에서 벗어나 지식과 관찰의 체계로 발전했다. 농경의 시대가 열리면서 직업은 분화되었다. 곡식을 재배하는 농부, 그릇을 빚는 도공, 공동체의 신에게 제사를 지내는 제사장, 물건을 교환하고 거래하는 상인이 생겨났다. 이때부터 일은 단지 먹고사는 일이 아니라, 사회 속 역할이 되었다. 사람들은 각자의 일을 통해 공동체를 유지하고 문명을 발전시켰다. 직업은 곧 신분이자 존재 이유가 되었다. 고대 이집트에서는 장인들이 피라미드를 쌓으며 신의 세계를 믿었다. 그들의 노동은 신성한 의식이었다. 돌 하나를 옮기는 행위에도 종교적 의미가 깃들었다. 그리스에서는 직업이 철학의 주제가 되었다. 플라톤은 노동은 육체의 일, 사유는 정신의 일로 구분했다. 일의 세계를 인간의 두 가지 본질 육체와 정신의 조화로 해석했다. 즉, 일은 인간의 정체성을 구성하는 하나의 축이었다. 중세로 들어서면서 일은 다시 신의 영역으로 돌아갔다. 수도사들은 기도하며 일하라(ora et la bora)는 모토 아래, 노동을 신에 대한 봉사로 여겼다. 수공업과 길드(조합)

가 발달하며 장인정신이 태어났다. 일은 단순한 생산이 아니라 신앙과 윤리의 결합으로 승화되었다. 그러나 18세기 산업혁명은 모든 것을 바꿔놓았다. 증기기관이 인간의 근육을 대신했고, 시계가 인간의 시간을 통제했다.

사람들은 자신이 아닌 기계를 위해 일하기 시작했다. 일은 자본을 위한 시간의 거래, 즉 노동시장의 상품으로 변했다. 직업의 세계에서 인간은 생산의 주체가 아니라 부속품이 되었다.

그런데도, 인류는 여전히 일의 의미를 포기하지 않았다. 예술가와 철학자들은 물었다. 기계가 인간을 대신할 수 있어도, 인간의 꿈과 사유를 대신할 수 있는가? 그 질문은 오늘날까지도 이어지고 있다.

결국 일의 본질은 시대마다 형태를 달리했다. 그 중심에는 언제나 인간의 의미 탐구가 있었다. 일은 생존의 수단에서 출발해, 공동체의 의무로, 신의 섭리로, 자본의 거래로 바뀌었다. 그 속에는 늘 나는 누구인가라는 질문이 숨 쉬고 있었다. 일은 인간의 문명 그 자체였다.

불을 피우던 손끝에서 시작된 노동이 오늘날 인공지능의 세계까지 이어지고 있다.

즉, 일의 역사는 기술의 진화이자, 무엇보다 인간 정신의 진화다.

직업 세계 인문학의 가치

직업 세계 인문학은 일의 기술이 아니라, 일의 이유를 묻는 학문이다. 우리는 매일 일하고 있지만, 정작 왜 일하는지 묻지 않는다. 돈을 벌기 위해서, 생계를 유지하기 위해서, 사회의 일원이 되기 위해서라고 답하지만, 그 대답은 늘 표면에 머문다.

직업 세계 인문학은 그 표면을 넘어, 나는 왜 이 일을 하는가?" 라는 근본적인 질문을 던진다.

일은 인간을 닮는다

직업은 단순한 생계의 도구가 아니라, 인간을 비추는 거울이다. 어떤 일을 하느냐보다 어떻게 일하느냐가 그 사람의 철학을 말해준다. 한 장인은 하루 같은 동작을 반복하지만, 그 안에서 완벽을 추구한다. 한 교사는 수십 번 같은 말을 반복한다. 그 안에서 새로운 깨달음을 찾는다.

직업 세계 인문학은 이처럼 일 속에 스며든 인간의 정신을 읽어내는 일이다. 일은 우리를 단련시킨다. 게으름을 이겨내게 하고, 실패 속에서 다시 일어서게 한다. 노동은 고통이지만 동시에 성장의 장이다. 인간은 일을 통해 세계를 이해하고, 자신을 완성해 간다. 따라서 직업의 가치는 결과가 아니라 과정의 품격에 있다.

직업은 시대를 비춘다.

직업의 세계는 언제나 시대의 얼굴을 하고 있다. 농경 시대의 농부, 산업 시대의 노동자, 정보화 시대의 프로그래머, 그리고 지금의 크리에이터, 콘텐츠 메이커, 지식창업까지 직업은 시대가 요구하는 기술과 가치관을 반영하지만, 기술이 아무리 발전해도 변하지 않는 것이 있다. 그것은 바로 인간이 일을 통해 의미를 찾고자 하는 욕망이다. 직업 세계 인문학은 변하는 기술 속에서 변하지 않는 인간의 본질을 찾아낸다. 기계는 일을 수행하지만, 의미를 느끼지 않는다. AI는 생산하지만, 보람을 모른다. 결국 일의 세계는 기술의 세계가 아니라 가치의 세계다.

일의 의미는 연결에 있다.

직업은 개인의 일이지만, 동시에 사회의 이야기다. 우리는 서로의 일을 통해 연결되고, 그 연결이 문명을 만든다. 의사가 환자를 살리고, 교사가 지식을 전하고, 예술가가 감정을 일깨우며, 서로의 역할이 이어져 세상은 움직인다. 직업 세계 인문학은 이 연결의 의미를 복원한다.

나의 일은 타인의 삶과 맞닿아 있고, 한 사람의 성실함이 공동체의 신뢰를 만든다. 따라서 직업의 본질은 경쟁이 아니라 공존과 협력의 철학이다. 우리가 직업을 통해 진정 배우는 것은, 함께 살아가는 법이다.

직업은 인간의 존엄을 세운다.

일은 인간에게 존엄을 부여한다. 자신이 세상에 기여할 수 있다는 감각, 무언가를 만들어낼 수 있다는 자부심은 존재의 근거가 된다. 돈을 벌기 위해 일하지만, 진짜 이유는 존재의 확신을 얻기 위해서다. 그렇기에 직업은 단순한 역할이 아니라 삶의 언어다.

직업 세계 인문학은 말한다. 좋은 직업이란 높은 연봉이 아니라, 나를 성장시키는 일이다.

그 일은 나의 시간을 의미 있게 만들고, 나의 하루를 철학으로 채운다. 이것이 바로 직업 세계 인문학이 던지는 가장 인간적인 메시지다. 직업 세계 인문학, 다시 인간으로 돌아간다.

우리는 오랫동안 직업의 성공을 이야기해왔다. 그러나 이제는 '직업의 행복'을 말해야 한다.

기술의 시대에 필요한 것은 스펙이 아니라 사유이고, 속도의 시대에 필요한 것은 방향이다.

직업 세계 인문학의 가치는 여기에 있다. 일의 철학을 되찾고, 노동의 인간적 품격을 복원한다. 각자의 일을 통해 삶의 의미를 다시 세우는 것이다. 그것은 결국, 인간을 인간답게 만드는 일의 복원이다. 직업 세계 인문학은 미래의 시대정신이다. 기술이 아닌 인간, 경쟁이 아닌 공존, 성공이 아닌 의미를 이야기한다. 일은 더 이상 단순한 생계의 수단이 아니다. 그것은 인간이 세상과 관계를 맺는 가장 깊은 언어이며, 삶의 철학을 실천하는 가장 오래된 방법이다.

산업혁명과 직업의 대전환

18세기 산업혁명은 인간의 역사에서 가장 거대한 전환점이었다. 그 이전까지 인간의 노동은 손과 몸으로 세상을 움직였다. 그러나 증기기관의 발명은 인간의 손을 기계로, 노동을 시스템으로 바꾸었다. 불과 몇십 년 사이, 마을 단위의 수공업은 사라지고, 거대한 굴뚝이 솟은 공장이 도시의 심장이 되었다. 기계는 인간의 근육을 대신했고, 자본은 인간의 시간을 사들였다.

농부는 땅을 버리고 도시로 몰려들었다. 그들은 이름 없는 노동자가 되어 컨베이어 벨트 앞에 섰다. 한때 자연과 호흡하던 노동은 공장의 소음 속으로 사라졌다. 손의 기술은 기계의 기술로 대체되었다. 그 순간, 인간의 일은 생명을 위한 노동에서 효율을 위한 노동으로 바뀌었다.

이 시기의 직업은 곧 속도와 생산성의 경쟁이었다. 시간이 곧 돈이 되었고, 더 많이, 더 빨리 만들어내는 것이 곧 성공의 기준이 되었다.

한 사람의 이름보다 회사의 이름이 더 중요해졌다. 한 장인의 혼보다 '브랜드'의 로고가 신뢰를 대신했다. 사람들은 자신이 만든 물건의 이름을 잃었고, 대신 시급과 성과표로 평가받았다.

"당신은 누구입니까?"라는 질문은 이제 "어디에 다니십니까?"로 바뀌었다. 직업은 정체성이 아니라 소속의 증명서가 되었다. 회사와 공장은 인간의 새로운 신전이었고, 노동자는 그 안의 사제로 살았다. 그들은 매일 같은 시간에 출근하고, 같은 리듬으로 일한다. 자신의 꿈보다는 조직의 목표를 우선시했다. 산업화의 질서는 효율과 성장을 가져왔지만, 동시에 인간의 내면적 의미의 공간을 앗아갔다. 그런데도 산업혁명은 단순한 기술의 발전이 아니라, 인간의 가치관을 재편한 사건이었다. 이 시기 이후, 일은 개인의 생존을 넘어 국가의 경쟁력이 되었다. 노동은 단순한 행위가 아닌 경제 체제의 근간이 되었다. 인간은 생산의 주체이자 동시에 시스템의 부속품이 되었다. 이 모순이 바로 근대 노동의 역설이었다. 인간은 기계를 만들었지만, 곧 그 기계의 일부로 흡수되었다. 20세기 후반, 산업화는 글로벌 자본주의로 확장되었다.

기업은 국경을 넘었고, 생산은 자동화되었으며, 직업의 개념은 더 복잡해졌다. 직장은 더 이상 공동체가 아니다. 노동은 점점 개인화, 분절화, 데이터화 되었다. 인간은 전보다 더 바쁘고, 더 연결되어 있었지만, 아이러니하게도 자신 일의 의미를 잃어가고 있었다. 21세기, 또 한 번의 균열이 생겼다. 기계가 사람보다 빠르고, 인공지능이 더 똑똑해졌다. 인간은 더 이상 생산성에서 기계를 이길 수 없었다. 그때 사람들은 다시 묻기 시작했다.

우리는 왜 일하는가?

기계가 대신할 수 없는 인간의 일은 부엇인가? 이 질문이 바로 직업 세계 인문학의 출발점이다. 이제 중요한 건 속도가 아니라 방향이다. 생산성의 숫자가 아니라, 그 일을 통해 무엇을 배우고 어떤 가치를 세상에 남길 것인가다. 산업혁명이 인간의 몸을 기계에 내어주었다면, 21세기의 전환은 인간의 정신을 되찾는 과정이다. 직업 세계 인문학은 그 여정의 나침반이다.

일의 기술에서 일의 철학으로, 노동의 효율에서 존재의 의미로, 우리는 다시 인간의 자리로 돌아가고 있다. 산업혁명은 인간의 일을 바꾸었지만, 인문학은 그 일의 의미를 지켜왔다.

이제 우리는 기계보다 빠르게 일하는 대신, 인간답게 일하는 법을 배워야 한다. 직업의 세계는 기술이 아니라 사유로 완성된다. 이것이 바로 '직업 세계 인문학'이 존재하는 이유다.

미래의 직업, 다시 인간으로 돌아가다.

21세기의 직업 세계는 눈부신 기술의 속도 속에서 움직이고 있다. 인공지능이 글을 쓰고, 로봇이 수술하며, 데이터가 인간의 판단을 대신한다. 우리는 편리함의 시대에 살고 있지만, 동시에 불안의 시대에도 서 있다. 기계가 우리의 자리를 대신하고, 알고리즘이 선택을 대신할 때, 인간은 자신에게 묻는다. 내 일의 의미는 어디에 있는가?

AI가 정보를 가공하고, 자동화가 효율을 극대화해도, 좋은 삶이란 무엇인가 행복한 일은 어떤 것인가를 묻는 존재는 인간뿐이다. 기계는 계산하지만, 인간은 해석한다.

기계는 수행하지만, 인간은 의미를 느낀다. 미래의 직업은 기술의 진보로 확장되지만, 그 중심은 여전히 인간의 감정, 사유, 가치관 위에 서 있다. 기술의 시대, 인간의 역량이 다시 중심이 된다. 앞으로의 직업 세계는 단순히 새로운 기술을 배우는 것이 아니다. 기술을 인간적으로 활용하는 능력이 중요해진다. AI 윤리 전문가, 인간 중심 설계자, 감성 데이터 분석가, 문화 콘텐츠 큐레이터와 같은 직업이 주목받는 이유가 여기에 있다. 이들은 기술을 다루는 사람이 아니라, 기술과 인간을 연결하는 사람들이다. 기계가 효율을 제공한다면, 인간은 그 효율 속에서 공감과 의미를 설계한다. 결국 미래의 경쟁력은 기술력보다 인문적 감수성에 달려 있다.

일의 중심이 생산에서 관계로 이동한다. 미래의 직업 세계에서는 무엇을 생산했는가보다 어떻게 관계를 맺었는가가 더 중요한 가치가 된다. 서비스, 콘텐츠, 교육, 예술, 심리, 돌봄, 치유와 같은 분야는 모두 인간의 감정과 관계를 다루는 일이다. AI가 상담 대화를 흉내 낼 수는 있어도, 진심을 담은 위로 온도를 재현할 수는 없다. 디지털 세상에서 인간의 역할은 감정의 언어를 회복하는 일이다. 즉, 기술이 세상을 효율적으로 만든다면, 인간은 그 세상을 따뜻하게 만드는 존재다.

미래의 일은 지식의 창조에서 의미의 창조로 정보의 시대가 지나가면, 그다음은 의미의 시대가 온다. 미래의 직업은 단순히 지식을 쌓는 직업이 아니라, 지식을 해석하고 새로운 서사를 만들어내는 일이다. 책을 쓰는 작가, 이야기를 전하는 강사, 문화를 설계하는 큐레이터, 데이터를 스토리로 바꾸는 분석가 이들은 모두 '인문학적 직업인'이다. 미래의 직업 세계는 인공지능의 알고리즘이 아니라, 인간의 철학 위에서 지속될 것이다. 기술은 도구이지만, 방향을 제시하는 것은 언제나 인간의 사유다.

에필로그

직업 세계 인문학 황경하

다시, 인간으로 돌아가다.

우리는 기술의 세상에 살고 있다. AI는 생각하고, 로봇은 움직이며, 데이터는 스스로 학습한다. 그러나 그 어디에도 인간의 마음은 없다. 기계가 효율을 대신할 수는 있지만, 의미를 대신할 수는 없다. 미래의 직업은 기술의 발전이 아니라 인간의 회복으로 완성될 것이다. 기계가 아닌 인간의 직관, 감성, 공감, 상상력이 새로운 시대의 경쟁력이 된다. 직업 세계 인문학은 바로 그 인간의 힘을 되살리는 철학이다. 일은 더 이상 돈의 언어로만 해석될 수 없다. 일은 나를 성장시키는 과정이며, 타인과 세상을 연결하는 다리이며, 삶의 품격을 완성하는 철학적 실천이다. 이제 우리는 이렇게 말할 수 있어야 한다. 나는 단지 일하지 않는다. 나는 나의 일로 세상과 대화한다. 일은 인간의 첫 번째 문명이었고, 미래의 인간 또한 일 속에서 다시 태어날 것이다. 기계가 세상을 효율로 이끌 때, 인문학은 그 세상을 방향과 온기로 채운다. 결국, 직업 세계 인문학이란 일의 역사를 통해 인간을 이해하고, 인간을 통해 다시 일의 가치를 세우는 이야기다. 그리하여 우리는 다시 묻는다. 기계의 시대에, 인간은 무엇으로 일할 것인가? 그리고 그 답은 오래전부터 우리 안에 있었다. 인간은 일하며 세상을 만들고, 그 세상 속에서 다시 자신을 만들어왔다.